Barbara Muraca

*Gut leben*

Barbara Muraca

# GUT leben

## Eine Gesellschaft jenseits des Wachstums

Verlag Klaus Wagenbach Berlin

*Für Alessandro, Cecilia und Lorenzo*

Wagenbachs Taschenbuch 730

**Politik bei Wagenbach**. Herausgegeben von Patrizia Nanz


Umschlaggestaltung/Reihenkonzept: Julie August, Berlin. Gesetzt aus der Meridien und der Imago. Vorsatzpapier von Gebr. Schabert, Strullendorf. Gedruckt auf chlor- und säurefreiem Papier (Schleipen) und gebunden bei Pustet, Regensburg. Printed in Germany. 

ISBN: 978 3 8031 2730 3

Inhalt

# Einleitung
## Gut leben: Eine Gesellschaft jenseits des Wachstums

### Die Fragilität der Demokratie und die Privatisierung des guten Lebens

Gut leben kann der Mensch nur gemeinsam mit anderen. Allen Robinson-Crusoe-Phantasien zum Trotz ist das Ideal eines guten, weil menschenwürdigen, sinnvollen und nicht entfremdeten Lebens nur in der Gesellschaft denkbar.

Wir leben aber heute in der paradoxen Situation, dass Ideale eines guten Lebens nur wie individuelle Lebensstilfragen behandelt werden: Gut leben kann, wer über genügend Ressourcen verfügt, um seinen eigenen Lebensstil zu pflegen und frei entscheiden zu können, wie er oder sie leben will. Eine gemeinsame oder gar gesellschaftliche Auseinandersetzung über Vorstellungen des guten Lebens und seine Bedingungen hat dagegen schnell den Beigeschmack, paternalistisch zu sein: Wir wollen uns schließlich von niemandem sagen lassen, wie wir leben sollen, erst recht nicht von der Gesellschaft. Diese Einstellung hat gute Gründe: Lebensentwürfe, die allgemein etablierten Vorstellungen nicht entsprechen, werden nämlich schnell diskriminiert, wie die Geschichte uns lehrt. Der Kampf für Frauenemanzipation oder für die freie Bestimmung der sexuellen Orientierung deckt solche Diskriminierungen auf. Der Wunsch ist daher, dass politische Rahmenbedingungen nur allgemein bleiben sollen, zum Beispiel formale Freiheitsrechte und Chancengleichheit garantieren, ohne dabei in die konkrete Lebensgestaltung von Bürger(inne)n einzugreifen.

Dieser Einstellung wohnt allerdings die Illusion inne, dass innerhalb der rechtlichen Rahmenbedingungen allen eine unendlich große Optionsvielfalt an Lebensentwürfen zur Verfügung stehen würde, über die jede und jeder frei von Zwängen wählen könnte. Ob und wie diese Optionsvielfalt aber zustande kommt, unter welchen Bedingungen und mit welchen Folgen welche Optionen für wen auch nicht zugänglich sind – all das wird ausgeblendet und vor allem aus dem Feld demokratischer Entscheidungsprozesse ausgeklammert: So gestalten wir unseren individuellen Lebensstil letztendlich nur in der Rolle der Konsument(inn)en von Produkten und Dienstleistungen, aber nicht in der Rolle von Bürger(inne)n. Wir entscheiden nicht demokratisch, unter welchen Bedingungen etwas produziert wird, sondern versuchen indirekt durch unser Kaufverhalten das Angebot an Produkten zu beeinflussen. Wir entscheiden nicht kollektiv darüber, wie Finanzmärkte funktionieren sollen, sondern können uns als Individuen allenfalls weniger riskante Spareinlagen oder nachhaltigkeitsorientierte Fonds aussuchen. Wir bestimmen nicht die allgemeinen Bedingungen landwirtschaftlicher Produktion, sondern kaufen höchstens Bioprodukte.

Die Voraussetzung für diese Art der individuellen Freiheit der Lebensstile und Optionsvielfalt ist allgemeiner Wohlstand. Wir verzichten wohlwollend auf demokratische Mitgestaltung im Gegenzug für eine komfortable materielle Absicherung inklusive der Perspektive einer weiteren Verbesserung der sozialen Lage für uns und unsere Kinder.

Ein solches Versprechen war sehr lange an das Wirtschaftswachstum gekoppelt: Steigt die Menge an materiellen Gütern und Dienstleistungen, die auf dem Markt angeboten und getauscht werden, so kann auch der Wohlstand für alle zunehmen. Und mehr als das: Wachstum garantiert das Steuereinkommen des Wohlfahrtsstaats, sorgt bei steigender Produktivität für Arbeitsplätze und dämmt dadurch die sozialen Konflikte. Wenn der Kuchen immer größer wird, ist dessen Verteilung weniger problematisch und konfliktreich: Man muss niemandem etwas wegnehmen, um es anderen zu geben. Wachstum war deshalb lange die Zauberformel für den sozialen Frieden unserer Gesellschaften und der stillschweigende Grundkonsens unserer Demokratien.

Die Demokratie ist aber die fragilste Erfindung der Menschen: Sie lebt davon, dass sich alle an der Gestaltung des Gemeinwesens beteiligen, um über die Form des Zusammenlebens und über die Normen und Institutionen, die diese regeln und ermöglichen, selbst zu entscheiden. Mit der Demokratie verbindet sich die Idee einer *autonomen* Gesellschaft[1]: eine Gesellschaft, die sich selbst ihre eigene Gesetze gibt, die ohne Rekurs auf Natur, Gott oder andere Mächte entscheidet, wie sie sein soll und wie sie sich selbst definiert. Eine *autonome* Gesellschaft bestimmt selbst durch Prozesse, an denen im Idealfall alle beteiligt sind, die Werte und Vorstellungen, die das gemeinsame Leben leiten. Ein solcher Prozess kann nie abgeschlossen werden, denn immer wieder ist es Aufgabe der Bürger(innen), über das Grundverständnis ihres Zusammenlebens zu beratschlagen, ausgehend von veränderten Bedingungen neu zu verhandeln, sich neuen Herausforderungen zu stellen. Hört dieser Prozess auf, verlieren die Menschen die Entscheidungsmacht über ihr eigenes Handeln und werden der Macht des Gegebenen überantwortet: Die äußerlichen Bedingungen, wie sie von einigen wenigen interpretiert werden, und nicht die gemeinsame Entscheidung, wie man mit ihnen umgehen will, bestimmen dann das Zusammenleben.

So kann das Versprechen steigenden Wirtschaftswachstums Fragen über die Rahmenbedingungen des gesellschaftlichen Zusammenlebens in den Hintergrund schieben. Die Perspektive steigenden Wohlstands braucht keine gemeinsam verhandelten Zukunftsvisionen mehr. Solange das Wachstum aufrechterhalten wird, werden die Bedingungen und Folgen dieser Aufrechterhaltung nicht angezweifelt. Wachstum wird gleichzeitig zum individuellen wie gesellschaftlichen Ziel: Steigende Profite, steigende Karrierechancen, steigende Optionsvielfalt werden zum Mantra des Erfolgs. Ein gutes Leben haben dann aber nur diejenigen, die dies auch umsetzen können.

## Wachstum: Ein Zauberwort ohne Zukunft

In allen Märchen hat jede Zauberformel ihre Kehrseite. Wie in der Geschichte vom Fischer und seiner Frau kommt immer ein Kipppunkt, ab dem das, was vorher mühelos zu funktionieren schien, verheerende Konsequenzen nach sich zieht. Der Fischer trifft eines Tages beim Angeln auf einen sprechenden Fisch und lässt ihn schwimmen. Daraufhin erfüllt ihm der Fisch den Wunsch einer größeren Hütte. Als seine Frau davon erfährt, schickt sie ihren Mann immer zurück zum Ufer, um mehr zu verlangen. Der Fisch gewährt zunächst auch diesen Wunsch und alle weiteren Wünsche. Das Glück scheint kein Ende zu nehmen, bis der Fisch plötzlich verärgert alles wieder zunichte macht und den Fischer und seine Frau in ihrem alten Haus mit leeren Händen sitzenlässt.

Wachstum stand in den reichen Industrieländern wie der Fisch des Märchens traditionell für das Versprechen steigenden Wohlstands für viele. Aber seit Jahren wächst die Wirtschaft nicht mehr, beziehungsweise nur mit sehr niedrigen Wachstumsraten. Ob wir tatsächlich vor einem dieser besagten Kipppunkte stehen, ist schwer zu sagen: Fest steht, dass weiteres Wachstum immer schwieriger zu verwirklichen sein wird und in jedem Fall mit immer gravierenderen Folgen vonstatten geht.

Vom Mittel zur Wohlstandssteigerung ist Wachstum heute zum eigentlichen Inhalt und Ziel politischer Maßnahmen geworden, und zwar nicht mehr, um die Lebensqualität zu verbessern, sondern um den erreichten Zustand überhaupt zu bewahren. Zahlreiche Studien zeigen aber, dass ab einer gewissen Schwelle Wachstum und Lebensqualität nicht mehr parallel steigen: Jenseits dieser Schwelle kann zusätzliches Wachstum sogar die Lebensqualität verschlechtern.[2] Wachstum um jeden Preis zu retten bedeutet zum einen eine höhere Risikobereitschaft bei der Ressourcengewinnung und Abfallentsorgung: So wird zum Beispiel schwer erreichbares Öl nun durch die Einführung von giftigen Chemikalien in die unterirdischen Felsschichten gefördert oder Atommüll an wenig sicheren Standorten gelagert. Zum anderen hat es auch verschärften Wettbewerb und steigenden Leistungsdruck, zunehmende soziale und ökologische Konflikte sowie sinkende soziale Absicherung zur Folge.

### Gutes Leben jenseits des Wachstums: Eine Vision für die Zukunft

Es wird endlich Zeit, das zu ändern. Es ist Zeit, vom Laufband zu steigen, die Autonomie zurückzufordern und die Demokratie neu zu beleben. Das fordern immer mehr Menschen und schließen sich überall in Europa der neuen wachstumskritischen Bewegung an, die unter dem Namen *Décroissance* vor etwa zehn Jahren in Frankreich ihren Anfang nahm. Gerade in der aktuellen Krise sehen sie die einmalige Chance für eine radikale Transformation der Gesellschaft, die uns endlich von dem Wachstumszwang befreit und neue Rahmenbedingungen für ein gemeinsames gutes Leben jenseits des Wachstums schafft.

Wenn eine Gesellschaft, die auf Wachstum eigentlich strukturell angewiesen ist, einfach aufhört zu wachsen, gleitet sie in Rezession und Krise. Da sich moderne kapitalistische Gesellschaften nur durch Wachstum stabilisiert haben, weil dieses Steueraufkommen, Beschäftigung und sozialen Frieden garantiert, sind ihre zentralen Institutionen darauf ausgerichtet. Sie geraten in einen instabilen Zustand, sobald das Wachstum stagniert. Deshalb fordert die Postwachstumsbewegung eine maßgebliche Umgestaltung der Gesellschaftsstruktur und den Mut, neue Wege zu gehen. Die Frage, wie wir leben wollen, drängt sich wieder als öffentliche Aufgabe auf, die kollektiv verhandelt werden muss und nicht bloß als individuelle Lebensstilfrage abgeschrieben wird.

*Décroissance*-Aktivist(inn)en engagieren sich in sozialen Projekten, in denen sie ihre Vision einer Postwachstumsgesellschaft durch alternative Experimente umsetzen: solidarische Einkaufsgruppen, gerechtigkeitsbasierte Haushaltsbilanzen für Familien, Kommunen und Regionen, Relokalisierung von Produktionskreisläufen, gesellschaftliche Kontrolle über Technologien und Energieversorgung sowie über den Zugang zu wesentlichen Lebensgrundlagen wie Wasser und vieles mehr. Sie kämpfen für ein alternatives gesellschaftliches Modell, in dem die Ökonomie im Dienst des guten Lebens aller steht.

Auf diesem Weg stehen sie aber – wie wir alle – vor der großen Herausforderung, an einer demokratischen, gerechten und solidarischen Postwachstumsgesellschaft zu arbeiten. In diesem Prozess sollen schließlich alle Stimmen Gehör finden: arme und reiche Länder und alle gesellschaftlichen Schichten. Die Stärkung von lokalen Produktionskreisläufen und solidarischen Netzwerken auf regionaler Ebene muss gegen das Risiko einer beschränkten geographischen und gesellschaftlichen Perspektive gewappnet sein, um zum Beispiel rassistische Diskriminierung gegenüber denjenigen, die nicht zur Gemeinschaft gehören, oder eine naive und unreflektierte Idealisierung von traditionellen Gemeinschaften, in denen zum Beispiel unterdrückende Geschlechterverhältnisse herrschen, zu verhindern.

Dieses Buch erzählt die utopische Vision einer Postwachstumsgesellschaft, ihre Potentiale, ihre Geschichte, ihren Stammbaum, aber auch ihre Tücken und Gefahren.

# Kapitel I
## Postwachstum und die Kraft der Utopie

### 2099: Die Vision eines versöhnten Planeten

»Es war einmal im Jahr 2099: Die ganze Menschheit bereitete sich vor, das Ende des Millenniums zu feiern. Und es gibt viel zu feiern! Seit mehreren Jahrzehnten gab es keine Kriege...« So fängt Veronika Bennholdt-Thomsen auf der dritten internationalen Degrowth-Konferenz in Venedig im September 2012 ihre Erzählung an. Es seien die lateinamerikanischen Andenvölker, die das *Buen Vivir* (gut leben) zum Ziel für das dritte Millennium erklärt und den Weg für einen umfassenden Wandel gebahnt hätten. Ausgerechnet in Venedig, bei der dritten Degrowth-Konferenz, seien die Voraussetzungen geschaffen worden für solch eine radikale Veränderung. Menschen lebten nun in kleinen Städten, umgeben von Wäldern und Wiesen, die der Gemeinschaft gehörten. Alle gingen mit Wasser und anderen natürlichen Quellen behutsam um und schöpften aus dem, was die Region bietet. Es gebe weder Geld noch Handel – Gabentausch sei das Prinzip des Zusammenlebens. Die Menschen seien frei von wettbewerbsgetriebenen Konflikten und von dem Zwang, immer mehr Geld ausgeben zu müssen. Die Gesellschaft sei nicht mehr auf Wachstum, sondern auf die Sicherung der Lebensgrundlagen (Subsistenz) ausgerichtet: Wirtschaftliche Produktion diene den Zielen eines gemeinsamen guten Lebens und orientiere sich an dem, was dafür von allen als notwendig erachtet werde.

Eine solche Vision richtet Bennholdt-Thomsen gegen die »fundamentalistische Utopie« der markt- und profitgetriebenen Entwicklung nach dem Muster der westlichen Industrieländer, die angeblich Armut und Umweltzerstörung durch Effizienzsteigerung, Marktderegulierung und Globalisierung bekämpfe. Beide Modelle sind für Bennholdt-Thomsen Utopien, die eine bessere Gesellschaft versprechen, in der Elend und Zerstörung besiegt sind. Welche sei nun wirklichkeitsfremder – fragt sie –, die Vision einer gelungenen Postwachstumsgesellschaft oder das Markteldorado, in dem *business as usual* praktiziert wird? Mit dieser Frage beendet sie ihre Erzählung. Das Publikum reagiert begeistert: Alle fühlen sich gestärkt und motiviert, die Vision einer gerechten und zufriedenen Postwachstumsgesellschaft auch tatkräftig umsetzen zu können. Nach dem Abschluss der Konferenz werden die vielen Poster mit Projekten und Visionen einer besseren Zukunft abgebaut. Es bleibt nur die Inspiration für alternative Wege, aber ebenso die Unsicherheit und Unwissenheit darüber, wie und ob man diese tatsächlich verwirklichen kann. Ist dies nicht etwa das Schicksal einer jeden Utopie, vielversprechend in ihrer Gestalt, aber – wie der Name schon sagt – nie und nirgendwo erreichbar? Was ist eigentlich eine Utopie, und wozu ist sie gut? Wie kann die Vision einer Postwachstumsgesellschaft als Utopie gelingen?

Die Erzählung einer friedlichen Postwachstumsgesellschaft dient zugleich als *Hoffnung* und als *Traum* eines anderen, besseren Lebens für alle Menschen. Für viele, die im täglichen Wettbewerb stehen, die am Verlust ihrer Lebensqualität leiden, die sich in unserer globalisierten und beschleunigten Welt nicht zu Hause fühlen, ist diese Erzählung wie Balsam für die Seele. Für andere wiederum, die sich vom ökonomischen Wachstum endlich den Zugang zum Arbeitsmarkt oder eine Steigerung ihres Lebensstandards erhoffen, gleicht sie einem Albtraum.

Eine solche Utopie kann aber mehr Funktionen erfüllen, als nur zu trösten: Sie kritisiert bewusst und explizit die zeitgenössische Lebensweise und eine Gesellschaftsform, die auf stetiges ökonomisches Wachstum baut. Gegen die Annahme, Menschen seien rein individualistisch und nur an der Maximierung ihres eigenen Nutzens interessiert, steht die Utopie einer Postwachstumsgesellschaft für eine alternative Basis zwischenmenschlicher Beziehungen und Handlungsmotivationen.

Aber sie wird auch konkret, denn sie zeigt den Weg für Veränderung auf. Die Liste zahlreicher Projekte, Initiativen, Gruppen, die schon jetzt Pionierarbeit leisten und im Horizont dieser Vision leben, wird immer länger: Gemüsegärten in der Stadt, »Transition Towns«, Gemeinschaften zwischen Produzent(inn)en und Konsument(inn)en, Tauschwirtschaft und vieles mehr. Dabei handelt es sich um kleinräumige Projekte, die – so klagen viele – nicht unbedingt politisch sind und auf jeden Fall die großen systemischen Probleme nicht in Angriff nehmen. Aber sind nicht gerade Essen und Kochen, Wassernutzung und Energieerzeugung viel näher an den grundlegenden Lebensbedingungen als die »großen« politischen Projekte mit ihrem an Wachstum geknüpften Versprechen? Gerade die kreative Vielfalt lokaler Initiativen, die die örtlichen Besonderheiten respektieren und Potentiale nutzen, kann sich zu einer umfassenden, radikalen Alternative in Abgrenzung gegen das einseitige Modell des westlichen Entwicklungspfads entwickeln.

## Was ist Utopie?

Utopie ist eine Art Blick aus dem Nirgendwo. Lange bevor alle Ecken dieses Planeten entdeckt waren, entstanden Utopien als imaginäre Erzählungen über phantastische Welten auf fernen Inseln. Gerade zu Beginn der Neuzeit blühte das Genre der utopischen Erzählung mit ihren fiktiven Reiseberichten über andere Gesellschaftsformen. Unter dem Einfluss der christlichen Tradition und ihrer Konzeption der Apokalypse verlagerte sich das Phantastische des utopischen Blickes in die reale Zeit, sodass aus dem Nirgendwo ein »Noch nicht«, eine in die Zukunft gerichtete Vision wurde. Der Form nach sind Utopien meistens Erzählungen einer alternativen idealen Gesellschaft, die an einem anderen Ort zumindest in der Phantasie existiert oder sich zukünftig in einer anderen Zeit manifestieren wird. Inhaltlich beschreiben sie meist eine bessere Welt.

Was ist aber die Funktion der Utopie?[3] Eine Utopie kann einfach Trost spenden, indem sie als Kompensation für Leid, Ausbeutung und Unterdrückung dient. Meistens verkörpern aber Utopien eine radikale Kritik der gesellschaftlichen Verhältnisse. Durch den Blick auf ein räumliches oder zeitliches Nirgendwo können gängige Interpretationen der Realität aufgehoben werden: Das, was als Selbstverständlichkeit, als notwendige, nicht veränderbare Bedingung für das Zusammenleben gilt, lässt sich auf diese Weise hinterfragen.

Aber Utopie kann auch weit mehr sein als nur Trost oder Kritik: Sie hat eine transformative Funktion. Der Blick ins Nirgendwo öffnet einen – wenn auch nur idealen – Raum, in dem Menschen sich nicht nur eine andere Zukunft vorstellen, sondern sich auch danach zu sehnen beginnen und aktiv darauf hinarbeiten wollen. Utopie kann also ein Weg zu realen Veränderungen sein.

## Die Kraft der Utopie

Gerade weil eine Utopie jenseits der realen aktuellen Situation imaginiert wird, ist der Versuch einer unmittelbaren Verwirklichung meistens zum Scheitern verurteilt oder mit verheerenden Konsequenzen verbunden. Es ist so, als würde man ein unter strengen Laborbedingungen entwickeltes Experiment ohne Anpassungen an die externen Gegebenheiten nach außen tragen wollen. Die Kraft der Utopie liegt aber nicht bloß in ihrer unmittelbaren Umsetzbarkeit, sondern darin, dass sie neue Möglichkeiten gegen einen naiven Realismus überhaupt erst sichtbar machen kann. Das Reale ist nämlich kein unveränderlicher Block von immer gleichen vorgegebenen Strukturen, sondern offen und im stetigen Wandel. Welche der vielen Entwicklungspotentiale sich nun in der Zukunft entfalten mögen, hängt von unserer Deutung und unserem Engagement ab. Der Gegensatz zwischen vermeintlich realistischen TINA-Einstellungen (aus dem englischen Kürzel »There Is No Alternative« – Es gibt keine Alternative) und utopischen Visionen liegt sowohl in dem unterschiedlichen Verständnis von der Offenheit oder Geschlossenheit des Realen als auch in der Bewertung, welche Entwicklungstendenzen relevant und welche unwichtig sind. So kann die Utopie sonst vernachlässigte Tendenzen für Veränderung entdecken und wiederbeleben. Wie uns der Philosoph des utopischen Denkens Ernst Bloch lehrt, muss sich eine *konkrete* Utopie, die kein bloßer Tagtraum bleiben will, von einem Scharfsinn leiten lassen, der die realmöglichen Entwicklungstendenzen aufspürt und mit militantem Optimismus verstärkt.[4] Gerade weil das Reale grundsätzlich offen ist, muss die Zukunft also immer gestaltet werden.

Damit eine Utopie auch wirksam ist, müssen die aufgespürten alternativen Potentiale in die etablierten gesellschaftlichen Muster eingefädelt werden. Da Utopien immer auch ihren Zeitgeist widerspiegeln und auf existierende Bedeutungen, Überzeugungen und Erfahrungen einer Gesellschaft zurückgreifen, ist dies nicht unmöglich. Selbst die herrschenden Ideologien, die von den meisten für legitim und selbstverständlich gehalten werden und die die Wertvorstellungen unserer Gesellschaft prägen, enthalten immer einen Überschuss an Deutungen, die über ihre aktuell verwirklichte Gestalt hinauszeigen: Herrschend sind solche Ideologien eben deshalb, weil sie auch Wünsche und Vorstellungen derer in sich aufnehmen, die am Rande stehen und benachteiligt sind. Die Kraft herrschender Erzählungen liegt nicht so sehr darin, dass sie die Fakten (zum Beispiel durch die Macht der Medien) absichtlich manipulieren, sondern vielmehr, dass sie den Erwartungen, Bedürfnissen und Hoffnungen so vieler Menschen zu entsprechen scheinen. Ideologien sind immer am erfolgreichsten, wenn sie auch Kritik, alternative Vorstellungen und Widerstand integrieren können. Da sie nicht in sich geschlossen sind, kann aber gerade in dieser Öffnung der Keil einer konkreten Utopie ansetzen. Der Überschuss an kritischen Deutungen und Versprechungen ist die Brücke zwischen dem Real-Gegebenen und dem Real-Möglichen. So speist sich die Utopie aus Wünschen und Wertvorstellungen, die bereits in den sozialen Widersprüchen der gegenwärtigen Gesellschaft angelegt sind.

So verstanden, ist Utopie nicht nur der Ausdruck von Wünschen für ein besseres Leben und das Streben nach deren Verwirklichung. Sie kann vielmehr die Sehnsucht nach Alternativen überhaupt erst auslösen und dazu anregen, etwas anderes oder besseres zu wünschen. Im Licht der Utopie werden nämlich gesellschaftlich vorhandene Wünsche kritisch reflektiert und neu interpretiert: Es kann nun hinterfragt werden, inwieweit diese bloßer Ausdruck von etablierten Vorstellungen sind, die der Aufrechterhaltung der existierenden gesellschaftlichen Bedingungen dienen, anstatt den aktuellen Bedürfnissen der Menschen zu entsprechen. Mit der utopischen Perspektive können sogenannte falsche Bedürfnisse aufgedeckt werden, die den Menschen im Interesse der Bewahrung der geltenden sozialen Verhältnisse gleichsam übergestülpt werden, von ihnen internalisiert und schließlich als authentisch wahrgenommen werden. Die kritische und transformative Kraft der Utopie wirkt somit schon im Hier und Jetzt, indem sie die Herkunft und den Realitätsgehalt der nur angeblich so authentischen Bedürfnisse hinterfragt. Durch utopische Experimente können Zwänge kurzweilig aufgehoben und kollektive Lernprozesse in Gang gesetzt werden, in denen sich das Verständnis über das, was wünschens-, begehrenswert und notwendig ist, allmählich verändert und alternative Vorstellungen des guten Lebens geschmiedet werden.[5]

Die Utopie einer Postwachstumsgesellschaft weist alle drei wesentlichen Merkmale der Utopie auf: Trost und Hoffnung spenden; Kritik aus einer externen Perspektive formulieren und Gespür für das Real-Mögliche entwickeln; durch die Darstellung einer Alternative die Reflexion über Wünsche und Bedürfnisse und deren Veränderung ermöglichen.

Gleichwohl leben wir in einer Zeit, in der das Vertrauen in Utopien geschwunden ist. Der Hauptgrund dafür ist, dass sich viele utopische Gegenprogramme als totalitäre Maschinerie entpuppt haben. Deswegen muss sich jeder Versuch, eine Utopie wiederzubeleben, mit den Risiken und Nebenwirkungen dieser Utopien auseinandersetzen.

## Der lange Schatten der Utopie

Utopie in ihrer kompensatorischen und träumerischen Funktion mag Hoffnungen wachhalten, aber sie kann gerade dadurch – so die Utopiekritiker – blind für die realen Lebensbedingungen machen und jeden Widerstandsversuch im Keim ersticken. Indem Utopien den Opfern von Unterdrückung eine gedankliche Flucht in eine bessere, fiktive Welt ermöglichen, liefern sie sie ihrer Unterdrückung letztendlich erst richtig aus, weil sie gegenüber den gegenwärtigen Beherrschungsstrukturen betäubend wirken.

Die utopische Vorstellung einer besseren Welt malt oft eine harmonische Gesellschaft aus, in der Konflikte geebnet sind und alle nach ähnlichen Mustern miteinander glücklich werden. Gerade solch eine harmonische Vorstellung steht aber einer Verwirklichung der Utopie im Weg, denn diese könnte sich – wenn überhaupt – nur durch Auseinandersetzungen und Kämpfe gegen herrschende Strukturen und Gegeninteressen durchsetzen. Utopien sind oft blind für die Konflikte zwischen den sozialen Kräften, gerade weil sie sich bereits in das Nirgendwo einer befriedeten Welt hineinversetzen. Deswegen passiert es oft, dass die Versuche ihrer Umsetzung schnell außer Kraft gesetzt werden. Solche Utopien sind getragen durch das, was Bloch einen »ungeprüften Optimismus« nennt, durch eine naive Vorstellung über die realen Bedingungen der gegenwärtigen Lage und über die Verwirklichungschancen einer Alternative.

Eine von der Realität entkoppelte Hoffnung kann gefährliche Auswirkungen haben. So können Konflikte über alternative Gesellschaftsentwürfe zu einem Freund-Feind-Schema reduziert werden, in dem zwei entgegengesetzte Lager künstlich errichtet werden. Der so konstruierte Feind kann sowohl als Gegner, der die eigenen Interessen gegen die neue Ordnung um jeden Preis verteidigt, als auch als bloß naiver Mitläufer stilisiert werden, der von der Illusion und den Rechtfertigungen der geltenden Machtstrukturen verblendet ist.

Eine in einem solchen Freund-Feind-Schema verstrickte Utopie verspricht entweder die Befreiung und Erlösung aller in einer neuen gesellschaftlichen Ordnung, in der Unterschiede und Konflikte endlich überwunden werden; oder sie stellt Ausschlusskriterien auf zwischen denen, die an der neuen, idealen Gesellschaft teilhaben, und denen, die dabei nur im Wege stehen und deshalb beseitigt werden müssen. In beiden Fällen werden Unterschiede und Spannungen entweder nivelliert und nahezu totalitär vereinheitlicht, oder potentielle Abweichler werden ausgegrenzt und ausgeschlossen.

Kritisiert wird die Utopie auch, weil sie eine Reflexion über Bedürfnisse auslösen will: Denn wer soll bestimmen, welche Bedürfnisse richtig oder falsch, authentisch oder unauthentisch sind? Und auf welcher Grundlage?

Der kritische Gehalt einer Utopie kann zwar einen Prozess anstoßen, in dem sozial etablierte Wünsche und Bedürfnisse infrage gestellt und Alternativen experimentell ausgelotet werden – mit anderen Worten kann Utopie einen Raum der Freiheit und Kreativität eröffnen. Aber Utopien können auch missbraucht werden, um Menschen und ihre Bedürfnisse an ein feststehendes Gesellschaftsideal anzupassen. Damit die anvisierte Gesellschaft funktioniert, müssten dementsprechend die Menschen, die in ihr leben sollen, geformt und verändert werden. Damit wird der versprochene Raum der Freiheit ganz schnell wieder nur von einigen wenigen okkupiert. Ein solches (Miss-)Verständnis legitimiert nämlich automatisch, dass die Utopieväter und -mütter eine Führungsrolle einnehmen, weil sie besser als alle anderen zu wissen scheinen, wie das Ideal verwirklicht werden kann und welche Opfer zu bringen sind. So verstanden, dient die Utopie dem Totalitarismus im wortwörtlichen Sinne: Die abstrakte Idee einer alternativen Gesellschaftsordnung leitet nun alle Bereiche des Lebens.

Die Crux vieler historischen Utopien ist tatsächlich die Rolle der Protagonisten und der Anführer der angestrebten Transformation: Viele der klassischen und neuzeitlichen Utopien sehen eine Klasse von Auserwählten, Weisen, Experten, Priestern vor, die sicherstellt, dass die Ideale der neuen Gesellschaft nach Plan umgesetzt und nicht verraten werden. Aber auch moderne, nichthierarchische Utopien stehen der Herausforderung gegenüber zu entscheiden, wer die Protagonisten ihrer Umsetzung sind.

Schließlich sind durchaus nicht alle Entwürfe einer alternativen Gesellschaftsordnung immer auch emanzipatorische Visionen, die auf Gleichstellung, Gerechtigkeit und Befreiung von Unterdrückung abzielen. Im Gegenteil, viele stehen für die Bewahrung der Traditionen und die Rehabilitierung von alten, zum Teil bedrohten Werten und gesellschaftlichen Verhältnissen. Es ist umstritten, ob sie überhaupt als Utopie zu verstehen sind: In vielen Fällen geht es eher um die Sicherung gegenwärtiger Privilegien als um den Entwurf einer alternativen gesellschaftlichen Ordnung, die mit dem Versprechen einer Verbesserung des Lebens aller einhergeht.

Bei allen Gefahren und Schatten des utopischen Denkens lohnt es sich dennoch, die Utopie nicht gänzlich über Bord zu werfen, sondern genau zu überlegen, wie und welche Art von Utopie sinnvoll sein kann. Utopisches Denken bedeutet immer, für die Überzeugung zu kämpfen, dass die Zukunft offen ist und dass immer auch Alternativen gestaltet werden können. Utopie bedeutet daher auch, dass Wandel durch menschliches Tun hervorgebracht werden kann. Gerade in ihrer Transformationsfunktion ist Utopie unverzichtbar: Sie eröffnet einen konkreten Raum der Kritik und der kreativen Gestaltung und Erprobung von Alternativen. Abstrakte und unbestimmte Utopien über zukünftige Welten können uns zwar inspirieren und motivieren. Aber nur konkrete Utopien können uns durch die genaue Prüfung möglicher Entwicklungstendenzen, existierender Widersprüche und realer Bedingungen in den Untiefen der Gegenwart leiten und dabei Transformationskräfte für die Zukunft auslösen.

### Wegweiser für konkrete Utopien

Bevor ich mich nun den Ideen einer Postwachstumsgesellschaft widme und mich dort auf die Suche nach den Elementen einer konkreten Utopie mache, möchte ich noch der Frage nachgehen, ob und wie die Utopie von ihrem langen Schatten gelöst werden kann, um uns in eine vom Wachstumszwang und Wettbewerbsdrang befreite Gesellschaft zu leiten.

Ich lasse mich inspirieren von den Leitlinien, die der amerikanische Soziologe Erik Olin Wright 2010 für die Entwicklung realer Utopien formuliert hat. Er hat drei wichtige Kriterien vorgeschlagen, die uns helfen können, alternative Zukunftsvorstellungen kritisch daraufhin zu überprüfen, ob und inwieweit sie *wünschenswert, lebensfähig* und *umsetzbar* sind.[6]

Ob eine Utopie in ihrer allgemeinen ausformulierten Form überhaupt *wünschenswert* ist, hängt von moralischen und Gerechtigkeitsfragen ab. Zunächst können wir die Prämisse der Menschenrechte zugrunde legen und uns zum Beispiel überlegen, ob das anvisierte Ideal Formen der Diskriminierung zulässt oder sogar unterstützt. Aber auch die Verteilungsgerechtigkeit spielt eine wichtige Rolle: Nach welchen Prinzipien sollen materielle und immaterielle Ressourcen oder auch der Zugang zu Ämtern, Bildung, Gesundheit vergeben und organisiert werden? Welche gesellschaftlichen Gruppen werden womöglich unterdrückt und von der Teilhabe am Gemeinwesen ausgeschlossen?

Ein weiterer Knackpunkt ist die Überlegung, welche Vorstellungen des guten Lebens vorausgesetzt und welche prinzipiell oder faktisch ausgegrenzt werden. Die Vielfalt von Lebensstilen, die mit dem Wachstumsversprechen einhergeht, überlässt Fragen des guten Lebens jedem Einzelnen, angeblich als Ausdruck seiner Freiheit. Die Freiheit der Lebensstile ist aber eben nur eine Freiheit der Lebens*stile* und nicht der Lebens*entwürfe*: Einen Stil kann man sich individuell erkaufen oder zulegen, sofern die materiellen Ressourcen zur Verfügung stehen. Aber ein umfassender Lebensentwurf hängt von gesellschaftlichen Bedingungen ab, die man in Demokratien eigentlich mitgestalten darf. Optionsfreiheit heißt nur, zwischen den Möglichkeiten wählen zu können, die einem zur Verfügung gestellt werden. Gestaltungsfreiheit bedeutet dagegen, darüber zu entscheiden, wie diese Optionen zustande kommen und unter welchen Bedingungen sie wem offenstehen. Die erste ist die Freiheit der Konsument(inn)en, die zweite die Freiheit der Bürger(innen). Wenn Vorstellungen des guten Lebens in die Privatsphäre verschoben und entpolitisiert werden, wird die Freiheit der Menschen, über ihr Leben gemeinsam zu bestimmen, eingeschränkt.

Von ungemeiner Wichtigkeit ist die Überprüfung der *Lebensfähigkeit* einer konkreten Utopie: Das bedeutet für Olin Wright, sich mit deren möglichen Dynamiken und vor allem den nicht intendierten Folgen auseinanderzusetzen, um zu erkennen, welche Gefahren in ihnen schlummern. Die Analyse der möglichen Konsequenzen einer utopischen Vorstellung wird oft vernachlässigt: Voller Tatendrang und von der Idee selbst geblendet, die moralisch einwandfrei erscheint, überspringen viele diesen zweiten Schritt und arbeiten gleich an der Umsetzung. So sind sie aber erst recht dem problematischen Gehalt einer Utopie ausgeliefert und haben keine Instrumente an der Hand, dem aktiv entgegenzuarbeiten.

Gleichzeitig schränken wir den utopischen Gehalt ein, wenn wir vorschnell nach der *Umsetzbarkeit* einer Utopie unter gegebenen Bedingungen fragen. Dadurch zwingen wir ihn zurück in den Käfig der aktuellen Gegebenheiten und Machtverhältnisse und verkennen das eigentliche Potential für einen Umbau der Gesellschaft. Gerade weil das Reale veränderbar ist, liegt die Realitätsnähe einer Utopie nicht in ihrer unmittelbaren Umsetzbarkeit unter den existierenden Bedingungen (sonst wäre sie keine Utopie!), sondern vielmehr in ihrer Kraft, einen Veränderungsprozess mit diversen Zwischenstationen anzustoßen. Eine konkrete Utopie setzt sich nicht in einer Revolution durch, sondern in einer allmählichen Transformation, die längerfristig eine neue gesellschaftliche Ordnung verwirklicht. *Umsetzbar* ist eine Utopie aber nur, wenn sie auf existierende Entwicklungspotentiale zurückgreifen kann. Wichtig sind dabei sowohl Bündnisse mit weiteren Gruppen und sozialen Akteuren als auch kleine Projekte, die aus ihrer Nische herausgetragen werden. Breite Legitimation und somit auch eine starke Unterstützung kann ein neuer gesellschaftlicher Entwurf nur dadurch gewinnen, dass er auf vorhandene Werte und

Vorstellungen des guten Lebens zurückgreift, die aber konzeptionell über ihre gegenwärtig geltende Form hinausgehen.

Deswegen ist eine weitere wichtige Leitlinie zur Überprüfung konkreter Utopien die Frage nach den *Protagonisten* des Transformationsprozesses. Wer sind die Träger der Erneuerung, und wie stehen sie im Verhältnis zu anderen sozialen Gruppen? Entscheidend ist dabei, wer im Namen des »Wir« spricht, das heißt, wer Teil eines Kollektivs ist und wie dieses formiert wird, wessen Sprache Gehör findet, wer nicht nur formell, sondern auch real mitgestalten kann. In manchen Visionen einer Postwachstumsgesellschaft wird zum Beispiel die Perspektive des sogenannten globalen Südens ausgeklammert. Viele Modelle regional unabhängiger Gemeinschaften verhalten sich nicht solidarisch mit denjenigen, die nicht zu der Gemeinschaft gehören. Manche Verzichtsmodelle predigen eine Reduzierung der Ansprüche, ungeachtet dessen, dass viele der Angesprochenen schon lange ihre Ansprüche notgedrungen auf ein Existenzminimum reduziert haben.

Die Antreiber der Transformation gehören in vielen Postwachstumsentwürfen zu einer kleinen Elite, die sich als einzige die Ernsthaftigkeit des Wachstumsproblems verstehende Gruppe definiert. Eine wesentliche Bedingung für eine gerechte Umsetzung ist aber die Teilhabe aller Betroffenen an den Entscheidungsprozessen. Echte und nicht bloß formelle Teilhabe ist wiederum nur unter zwei Bedingungen möglich: der gerechten Verteilung der Ressourcen, die allen ökonomische Unabhängigkeit und ein konkretes und reales »Stimmrecht« sichert, und dem Schutz gegen kulturelle Diskriminierung, der die gleichwertige Bedeutung aller Stimmen gewährleistet.

In den folgenden Kapiteln werde ich Visionen einer Postwachstumsgesellschaft unter der Perspektive der Utopie und der Utopiekritik untersuchen. Die leitende Überlegung dieser Untersuchung ist, ob und wenn ja welche Visionen einer Postwachstumsgesellschaft die Rolle einer konkreten Utopie spielen können.

## Kapitel II
## Wachstumskritik: Kurzgeschichte einer Bewegung

### Décroissance: Ursprünge eines Begriffs

Die Veröffentlichung des Berichts an den Club of Rome unter dem besorgniserregenden Titel *Grenzen des Wachstums*[7] entfacht im Jahr 1972 einen regelrechten Wirbelsturm. Die computergestützte Modellierung des Berichts zeigt die ökologischen Grenzen des globalen, auf Wachstum basierenden Entwicklungsmodells im 21. Jahrhundert und prognostiziert einen Rückgang der Lebensqualität, wenn weltweit die Länder auf einem solchen Pfad voranschreiten.

Schockiert von dem Bericht, setzt sich der damalige Vizepräsident der Europäischen Kommission Sicco Mansholt in einem Brief an den Kommissionspräsidenten Franco Maria Malfatti für einen Richtungswechsel und die Notwendigkeit einer Regulierung der Wirtschaft aus ökologischen Gründen ein.[8] Die Veröffentlichung des Briefs löst in Frankreich eine lebhafte und kontroverse Diskussion über Wachstum und seine Grenzen aus: 1973 erscheint in der Zeitschrift *La Nef*[9] der Band »Les objecteurs de croissance« (die Wachstumsverweigerer), in dem André Amar in seinem Artikel zum ersten Mal das Wort *Décroissance* zur Bezeichnung einer Alternative zum Wachstum verwendet. Amar geht es nicht so sehr darum, die ökologischen Grenzen des Wirtschaftswachstums aufzuzeigen, sondern vielmehr darum, das Wachstumsphänomen kulturell und moralisch zu kritisieren: Die Logik des Wachstums wurzele tief in dem Geist der abendländischen Zivilisation und sei aus einer Umkehrung ihrer ursprünglichen Werte hervorgegangen. Deswegen bedeute die Abkehr vom Wachstum ein radikales Umdenken, das über eine

Neugestaltung des Wirtschaftsbereichs noch deutlicher hinausgehen müsse. Im Jahr 1979 wählt der Gründer der ökologischen Ökonomie, Nicholas Georgescu-Roegen, den Titel *Demain la décroissance!* für die französische Ausgabe eines seiner Bücher: Durch den Erfolg des Buchs etabliert sich endgültig der Begriff *Décroissance* als Bezeichnung für eine schrumpfende Ökonomie, die aber keine Rezession, sondern eine Befreiung vom Wachstumszwang bedeutet.[10]

Bereits in dieser ersten vom Meadows-Bericht ausgelösten Welle der Wachstumskritik kann man einige leitende Ideen erkennen, die für die Entstehung der späteren Postwachstumsbewegung von großer Bedeutung sind: 1) Wachstum wird nicht nur im technischen Sinne als stetige materielle Steigerung des Bruttoinlandsprodukts kritisiert, sondern auch als eine negative Denkungsart, die Praktiken, Grundeinstellungen und Formen des Miteinanders wirksam beeinflusst – Amar spricht beispielsweise vom Wachstum als *Entfesselung der Aggressivität*; 2) neben der ökologischen Perspektive über die Grenzen des Wachstums, die im Meadows-Bericht zentral ist, entwickelt sich in Frankreich eine starke soziokulturelle und künstlerisch-ästhetische Kritik der Wachstumslogik, die in der Ökologie eine sozialpolitische Kategorie für eine subversive und antikapitalistische Gesellschaftskritik sieht;[11] 3) die Idee der *Décroissance* verliert in der französischen Tradition den Beiklang von Rezession und Krise. Sie lädt sich stattdessen mit der Bedeutung einer Befreiung vom ständigen Wettkampf und steigenden Leistungsdruck auf: In dieser Perspektive hätten endlich alle unter der Bedingung eines eher bescheidenen Reichtums mehr Zeit, das Leben zu genießen.

### *Die Wiederentdeckung der Décroissance 30 Jahre später*

Während die Ergebnisse des Berichts an den Club of Rome zu scharfen Kontroversen zwischen zahlreichen Wissenschaftler(inne)n führen, entstehen in verschiedenen Ländern Europas starke Umweltbewegungen, die unter anderem durch die Antiatomproteste angetrieben werden. Zeitgleich wird 1972 globale Umweltpolitik weltweit durch die Gründung des Umweltprogramms der Vereinten Nationen (UNEP) institutionalisiert. Neben der Angst um Ressourcenknappheit greift langsam auch die Sorge um die Aufnahme- und Regenerationsfähigkeit von Luft, Gewässern und Böden um sich. Der Brundtland-Bericht der UN-Kommission für Umwelt und Entwicklung (WCED) »Our Common Future« formuliert im Jahr 1987 schließlich das Ziel einer »nachhaltigen Entwicklung«, das die Abschlusserklärung des internationalen Rio-Gipfels 1992 übernimmt und weltweit bekanntmacht: Nachhaltig ist demnach eine Entwicklung, wenn sie den Bedürfnissen der heutigen Generation entspricht, ohne die Möglichkeiten künftiger Generationen zu gefährden, wiederum ihre eigenen Bedürfnisse zu befriedigen und ihren bevorzugten Lebensstil zu wählen.[12] Diese Definition repräsentiert einen pragmatischen, aber sehr begrenzten Kompromiss zwischen den Anforderungen von einerseits Umwelt- und Naturschutz und andererseits Glaube an das Wirtschaftswachstum.

So bezeichnet auch Georgescu-Roegen den Begriff »nachhaltige Entwicklung« als einen sprachlichen Geniestreich, der alles zusammenhält, ohne das Wesentliche des Problems in den Blick zu nehmen.[13] Viel dringender als nachhaltige Entwicklung sei dagegen eine gutdurchdachte Schrumpfung (eben die Décroissance) in den westlichen Industrieländern. Während beim Konzept der nachhaltigen Entwicklung vor allem die wirtschaftliche Produktion und Effizienzsteigerung im Mittelpunkt steht, wodurch Wachstum weiterhin gesichert wird, kehrt die Idee der Décroissance die Wachstumsorientierung der Wirtschaft insgesamt um: Die wirtschaftliche Produktion soll wieder seinem ursprünglichen Ziel dienen, nämlich der Förderung eines guten Lebens.[14] Innovationen, die Effizienz steigern und weniger Ressourcen und Energie verbrauchen, sind zwar wichtig, machen aber nur Sinn, wenn sie in einen umfassenden Wandel des gesellschaftlichen Selbstverständnisses eingebettet sind. Sonst werden die erzielten Effizienzgewinne wieder ausschließlich zur Ankurbelung von Wachstum genutzt statt zur Reduzierung des Ressourcenverbrauchs oder der Arbeitszeit.

Im Frühjahr 2002 findet schließlich in Paris das UNESCO-Kolloquium »Défaire le développement. Refaire le monde« statt, auf dem erneut das westliche Entwicklungsmodell umfassend kritisiert wird: Westliche Entwicklungshilfe zerstöre lokale Strategien zur Armutsbewältigung und selbständige Wirtschaftsstrukturen und erzeuge statt verhindere materielle, soziale und kulturelle Not. Serge Latouche, der Vater der französischen Anti-Wachstums-Bewegung, bezeichnet diesen Kongress als die eigentliche Geburtsstunde der Décroissance, die sich vor allem aus der globalisierungskritischen Bewegung speise. Für Latouche gilt die Idee Décroissance nicht nur für die reichen Industrieländer des globalen Nordens, sondern sie kann genauso auch für den Globalen Süden eine Befreiung aus dem bisherigen Entwicklungsmodell bedeuten.

## Wie aus der Décroissance eine wachsende Bewegung wurde

### *Mensch und Esel gehen mit der Idee der Décroissance in Frankreich hausieren*

François Schneider, Wissenschaftler, Recyclingexperte und Mitbegründer der Monatszeitschrift *La Décroissance, le journal de la joie de vivre* (Zeitschrift der Lebensfreude), wagt ein Experiment: Am 28. Juli 2004 macht er sich mit der Eselin Jujube auf den Weg und geht mit der Décroissance wortwörtlich hausieren. Er marschiert ein Jahr lang durch Südfrankreich und bringt seine Botschaft in die Dörfer und zu den Leuten. Er verteilt die Zeitschrift und zeigt eine Ausstellung der *Casseurs du Pub*, einer französischen Gruppe von Aktivist(inn)en, die schon seit Jahren gegen die Werbeindustrie kämpft und als Vorläufer und Verbündeter der Décroissance gilt. Auf seinem Weg hält er Vorträge, redet mit Menschen, sorgt für Aufsehen und Verwirrung. Ein Jahr später schließen sich ihm auf der letzten Etappe von Lyon bis Magny-Cours mehrere Hundert Menschen an, und es ist der erste »marche pour la décroissance«.[15] Die Botschaft ist einfach: Décroissance ist »ein individueller und kollektiver Pfad, der die Verringerung des Gesamtverbrauchs von Materie, Energie und Raum, sowie der Produkte und Dienstleistungen als Ziel hat, die eben einen solchen Verbrauch antreiben. Sofern Geld den Kauf und Verkauf von natürlichen Ressourcen jenseits ihrer Regenerationszeiten und von ressourcenzerstörenden Gütern ermöglicht, impliziert Décroissance auch eine Schrumpfung der Wirtschaft.«[16] Eine solche Aufforderung zur Reduktion richtet sich direkt an die 20 Prozent der privilegierten Weltbevölkerung, die größtenteils in den Industrieländern lebt, strebt aber langfristig die Loslösung aller vom omnipräsenten Drang zum Konsumismus und Produktivismus an.

François Schneider spricht von einer nachhaltigen und freiwilligen Décroissance, die sich deutlich von Krisenszenarien unterscheidet, die unter Zwang entstehen. Während die Décroissance die Gesellschaft umgestalten soll, um sie wachstumsunabhängig zu machen und Lebensqualität und Gerechtigkeit zu sichern, bedeutet nämlich eine unfreiwillige Schrumpfung für Gesellschaften, die in ihrer Grundstruktur eigentlich auf kontinuierliches Wachstum ausgerichtet sind, das tragische Schicksal einer Rezession.

Die Eselswanderung hat bis heute Erfolg: Die Zeitschrift *La Décroissance* hat mittlerweile eine Auflage von über 30.000 Exemplaren und wird weltweit verkauft. Das Wort Décroissance hat sich langsam als echter Aktivist(inn)en-Slogan in Frankreich, Italien (*Decrescita* ab 2004) und Spanien (*Decrecimiento* oder auf Katalanisch *Decreixement* ab 2006) etabliert.[17] Es entstehen immer neue Gruppen und Netzwerke, die sich unter dem Motto der Décroissance treffen. 2008 findet unter dem Titel »Economic De-growth for Ecological Sustainability and Social Equity« die erste internationale Décroissance-Konferenz in Paris statt, auf der sich über 140 internationale Wissenschaftler(innen) für einen Paradigmenwechsel im Sinne eines nachhaltigen und gerechten Schrumpfungspfades aussprechen.[18] Neben der Forschung wird auch eine Bewegung erkennbar, die unter dem Décroissance-Mantel international agiert. In den folgenden internationalen Konferenzen in Barcelona 2010, Venedig 2012 und in Leipzig 2014 nimmt die Zahl der Teilnehmer(innen) aus Wissenschaft und Zivilgesellschaft stetig zu. Seit mehreren Jahren erscheinen regelmäßig Sonderbände, Artikel in internationalen Zeitschriften und Bücher in verschiedenen Sprachen.

### *Ein Konzept macht (politische) Karriere*

Die Herausgeber der Zeitschrift *La Décroissance*[19], Vincent Cheynet und Bruno Clementin, pflegen einen ziemlich aggressiven journalistischen Stil, der sich aus der Erfahrung der *Casseurs du Pub* und deren Attacken gegen die Werbeindustrie und die durch Werbung gestützte Konsum- und Wachstumslogik speist. In der Zeitschrift werden die aktuellen politischen Debatten in Frankreich kommentiert, wobei vor allem die polemische und zugespitzte Auseinandersetzung mit den sogenannten *écotartuffes* im Mittelpunkt steht: Die Ökoheuchler des grünen Kapitalismus oder der nachhaltigen Entwicklung werden persifliert und ihre »wahren« Absichten offengelegt. Zum Teil richtet sich die Polemik sogar gegen andere Vertreter(innen) der Décroissance, die sich von Cheynets Linie entfernen. Aber auch Themen wie der – in Frankreich immer noch aktuelle – Kampf gegen Atomkraft, autobasierte Mobilität oder große Infrastrukturprojekte sowie die Praktiken alternativer Lebensmodelle, die Individuen und Gruppen quer durchs Land eifrig ausprobieren, finden hier ein Sprachrohr.

Im Oktober 2005 wird in Frankreich eine erste »Nationalversammlung« der verschiedenen Akteure der Décroissance mit dem Ziel abgehalten, eine gemeinsame Kandidatur für eine Partei der *décroissance équitable* (gerechte Décroissance) bei der Wahl 2007 auf den Weg zu bringen.[20] Die Unterzeichner(innen) verpflichten sich zu humanistischen, emanzipatorischen und demokratischen Werten. Außerdem verstehen sie sich als klarer Gegenpol gegenüber sowohl der rechts- als auch der linksinspirierten politischen Agenda, die beide auf unbegrenztes Wachstum setzen.

Die unterschiedlichen Auffassungen zwischen den verschiedenen Strömungen der Bewegung zeigen sich schon sehr früh: Während Cheynet und Clementin für die schnelle Gründung einer Partei mit dem Ziel einer umfassenden Präsenz in den Institutionen plädieren[21], bevorzugen andere den Status einer Bewegung oder lehnen die Idee einer politischen Organisation prinzipiell ab. 2006 formiert sich zwar eine Partei (*Parti Pour La Décroissance* – PPLD), die es aber erst bei der landesweiten Wahl 2012 schafft, nach zahlreichen Spaltungen und Neuzusammensetzungen, ins Rennen zu gehen.

Cheynet verlässt bereits davor die PPLD und gründet 2010 eine alternative Partei (POC –*Parti des Objecteurs de Croissance*, Partei der Wachstumsverweigerer).[22] Entschieden weist er darauf hin, dass Décroissance *per se* keine politische Couleur haben soll, und weigert sich, eindeutig Stellung zu Links- und Rechtsorientierung zu nehmen.[23]

In einer öffentlichen Kontroverse reklamiert dagegen Paul Ariès, ein weiterer wichtiger Protagonist in der französischen Debatte, für die Décroissance die Tradition des antiproduktivistischen, assoziativen und libertären Sozialismus. Für ihn steht Décroissance für die traditionellen Kampfziele der Arbeiterbewegung gegen Entfremdung und für das Recht auf Muße. Arbeitszeitverkürzung, Befreiung (von) der Erwerbsarbeit, unentgeltlicher Zugang zu Bildung, Transport, Energie- und Wasserversorgung, Grundeinkommen und die gleichgeschlechtliche Ehe sind für Ariès, anders als für Cheynet, Bestandteil eines politischen Programms der Décroissance.[24]

Während sich diese Auseinandersetzung zwischen Vertreter(inne)n einer mehr oder weniger libertären, an den Idealen der Demokratie und Gleichheit inspirierten Décroissance in Frankreich entfacht, beansprucht abseits dieser Debatte Alain De Benoist, Spiritus Rector der französischen ultranationalistischen Gruppierung *Nouvelle Droite*, die Décroissance als neofaschistische Zukunftsvision für seine politische Agenda.[25]

### *Wissenschaftliche Forschung und gesellschaftliche Transformation*

Neben dieser politischen Debatte entwickelt sich in Frankreich eine lebhafte wissenschaftliche Diskussion um die Décroissance, bei der unter anderem die Zeitschrift *Entropia* im Jahr 2006 entsteht.[26] Zudem ist diese Idee auch bei anderen sozialen Gruppen und Bewegungen wie der entwicklungs- und globalisierungskritischen Gruppe *Après Développement* gegenwärtig.[27]

Auch in Spanien schließen sich entwicklungskritische Gruppen der Idee der Décroissance an, wie der Umweltverein *una sola terra,* der 2006 die Konferenz »El decreixement per salvar la Terra« (Degrowth zur Rettung der Erde) in Barcelona organisiert, um ein neues Paradigma für die Entwicklung zu erarbeiten.[28] Unter dem gemeinsamen Ziel der Décroissance arbeiten soziale Bewegungen aus der linksliberalen und antikapitalistischen Tradition der Autonomie und Selbstverwaltung sowie Gruppen, die bei Umweltkonflikten (Wasser, Energie, Infrastruktur oder Klimawandel), in der Agrarökologie und der solidarischen Ökonomie aktiv sind, in Katalonien fruchtbar zusammen.[29] Einige der gemeinsamen Projekte spielen in der Region eine wichtige Rolle, vor allem seit dem Beginn der gegenwärtigen Krise. Ein Beispiel ist die Gründung der *integralen Kooperative,* ein breites internet- und commonbasiertes Netzwerk verschiedener Selbstverwaltungs- und Selbstversorgungsprojekte, Tauschringe und kleiner lokaler genossenschaftlicher Produktionswerkstätten. Das Netzwerk zählt allein in Katalonien über 6.000 Mitglieder und verfolgt das ehrgeizige Ziel, einen wichtigen Beitrag zur Deckung der Grundbedürfnisse für die Menschen in der Region zu leisten.[30]

In Verbindung mit den sozialen Bewegungen forscht an der Universitat Autònoma de Barcelona am Institut für Umweltwissenschaften eine interdisziplinäre Gruppe von jungen Wissenschaftler(inne)n zu Décroissance (Research & Degrowth).[31] Sie verstehen die Décroissance als einen notwendigen Übergang für die Industrienationen, um das Ziel einer tatsächlich nachhaltigen Wirtschaft erreichen zu können, in der die Menge an verbrauchter Materie und Energie danach weitgehend konstant bleibt. Vor allem die Industrieländer des globalen Nordens müssen demnach bis zu einer bestimmten Schwelle langsam schrumpfen, damit andere Länder (wie zum Beispiel die meisten Länder des globalen Südens) wiederum bis zu dieser Schwelle wachsen können.

Auch in Italien hat sich in den letzten Jahren eine vielfältige wachstumskritische Bewegung entwickelt, die vor allem in zwei Hauptgruppierungen aktiv ist. Die Bewegung für eine fröhliche Schrumpfung (*Movimento per decrescita felice* – MDF) genießt große Popularität und versammelt unterschiedliche Akteure, auch aufgrund ihrer relativ vereinfachten Analyse der mit Wachstum verbundenen Probleme und ihrer simplen Botschaft. Für ihren Begründer Maurizio Pallante bedeutet *Decrescita* die sinnvoll begründete Ablehnung des eigentlich Unnützlichen, die einen Gewinn an Zeit und Lebensfreude mit sich bringt.[32] Bisher hat sich der Verein vor allem für die Förderung individueller und kollektiver Praktiken eingesetzt. Relativ neu sind dagegen umfassendere politische Vorschläge in einer Art Programm,[33] das auf unterschiedlichen politischen Hintergründe basiert, wie zum Beispiel: Reduzierung der Steuerlast, generelle Förderung kleinerer Unternehmen, Stärkung von Öko- und Emissionssteuer, Dezentralisierung der Energiewende oder die Erwerbsarbeitszeitreduzierung. Die MDF hat sich an die populistische und antipolitische Partei von Beppe Grillo zwar angenähert,[34] wobei aber eine Einigung vor dem Wahlkampf 2013 ausblieb.[35]

Anders als die MDF ist das italienische Degrowth-Netzwerk (*Rete per la Decrescita*) 2004 aus einer Gruppe von Aktivist(inn)en und Intellektuellen hervorgegangen, die seit langem in der solidarischen Ökonomie, der globalisierungskritischen Bewegung und der alternativen ökologischen Wirtschaftswissenschaft engagiert sind. Das Netzwerk kombiniert eine polit-ökonomische Analyse mit aktivem gesellschaftlichen Engagement. Die *Rete* setzt sich für eine langfristige, umfassende gesellschaftliche Veränderung in vielen Bereichen und Institutionen ein: Nicht nur ökologische Ziele, sondern auch soziale Konflikte, Verteilungsfragen und eine Umgestaltung der Ökonomie werden verhandelt.[36]

### *Zwischen ökologischer Modernisierung und Postwachstum: Der eigenartige Weg Deutschlands*

Der Postwachstumsdiskurs in seiner französischen und südeuropäischen Gestalt hat in Deutschland zwar erst seit ein paar Jahren Fuß gefasst, aber die Auseinandersetzung mit vielen der Fragen, die die Décroissance-Bewegung in anderen Ländern aufwirft, hat hier eine sehr lange Tradition in der wissenschaftlichen Forschung, im Engagement zahlreicher gesellschaftlicher Gruppen und auf politischen Steuerungsebenen. Als Reaktion auf den Bericht an den Club of Rome entwickelten in Deutschland Wissenschaftler(innen) der Umweltökonomie, Politologie und Soziologie schon damals ein alternatives Konzept:[37] Die Lösung der ökologischen Krise liege nicht in einer Abkehr vom Wachstum, sondern vielmehr in der gezielten politischen Steuerung von umweltverträglichen technischen Innovationen für eine ökologische Modernisierung der industriellen Produktion. Dadurch – so die Vertreter(innen) der ökologischen Modernisierung – könnte Wirtschaftswachstum von der Nutzung natürlicher Ressourcen allmählich entkoppelt werden: Gezielte politische Maßnahmen sollten die Steigerung der Ressourcenproduktivität (Effizienz) und eine naturverträgliche Neugestaltung (Konsistenz) von Produktion und Konsum fördern.[38] Gerade Wachstum könne dann zum Motor grüner Innovationen und zum Verbündeten der Nachhaltigkeit werden. Hauptakteure dieses Wandels seien neben dem Staat auch Unternehmer und Innovationspioniere.

Im Zuge der Rio+20-Konferenz, die 2012 wieder in Rio de Janeiro stattfand, erlebte diese Tradition eine Renaissance. Diesmal stand die Konferenz unter dem Motto der sogenannten *Green Economy*, die als neue Parole die *Nachhaltige Entwicklung* ersetzen sollte. An der Debatte um die *Green Economy* beteiligen sich auf der einen Seite diejenigen, die an die Selbstregulationskräfte des Marktes glauben und Wirtschaftsakteure als entscheidende Protagonisten eines neuen Zeitalters des grünen Wachstums sehen, und auf der anderen die neuen Modernisierer, die vielmehr die Notwendigkeit einer politischen Regulierung auf nationaler und globaler Ebene betonen. Nicht mehr bloß die industrielle Produktion, die seit der 1970er Jahren überall in den westlichen Ländern zurückgegangen ist, sondern auch Konsum, Nutzung und ökologischer Gehalt des dritten Sektors (vor allem Transportwesen, Versorgung, Kommunikation) stehen nun im Fokus der Aufmerksamkeit. Ob intelligentes[39], qualitatives oder selektives Wachstum[40], die Frage ist nicht mehr so sehr, ob man Wachstum befürwortet, sondern wie und welches.

Eigentümlich für die deutsche Variante einer Postwachstumsgesellschaft ist der starke Einfluss einer kritischen Diagnose des »Wachstumswahns« aus konservativer Sicht: Das 2011 erschienene Buch *Exit – Wohlstand ohne Wachstum* von Meinhard Miegel hat für große Kontroversen gesorgt, nicht zuletzt aufgrund der starken medialen Präsenz der von ihm gegründeten Stiftung *Denkwerkzukunft*.[41] Die Stiftung engagiert sich für eine sogenannte kulturelle Erneuerung, die durch einen Bewusstseinswandel hin zu einer nichtmaterialistischen Sichtweise erfolgen soll.[42] Soziale Dienstleistungen sollen privatisiert beziehungsweise in das soziale Engagement und die Familien verlagert werden. Im vierten Kapitel werde ich dieses Konzept umfassend und kritisch diskutieren.

Ausgehend von einer ähnlichen Diagnose der Wachstumskrisen, aber mit der positiven Assoziation, darin eine Chance für Nachhaltigkeit zu sehen, artikuliert das von Angelika Zahrnt und Irmi Seidl herausgegebene Buch *Postwachstumsgesellschaft* ein Modell für eine Transformation in den verschiedenen gesellschaftlichen Bereichen (u.a. Bildung, Alterssicherung, Arbeitsmarkt, Finanzen, Steuern) in Zeiten des Postwachstums.[43] Es handelt sich um eine liberale, sozialreformerische und den Umweltverbänden nahestehende Wachstumskritik, die durch einen gutbesuchten Internet-Blog kontinuierlich diskutiert und belebt wird.[44]

In Deutschland hat aber vor allem der Ökonom Niko Paech dafür gesorgt, dass der Begriff *Postwachstum* breit bekannt wurde und sich immer mehr Menschen verschiedener Altersgruppen, Interessenslagen und sozialer Hintergründe aktiv gegen die Wachstumslogik einsetzen. Er hat ein ausführliches Modell für eine alternative Wirtschaft erarbeitet, die nicht mehr auf Wachstum angewiesen ist.

Zwei weitere wichtige Akteursgruppen prägen die deutsche Postwachstumsszene darüber hinaus: die kapitalismuskritische und ökosozialistische Wachstumskritik und die globalisierungskritische Bewegung. Beide Gruppen sind unter anderem bei ATTAC Deutschland vertreten. In der Diagnose beider Gruppen wird der Wachstumszwang moderner Gesellschaften auf die kapitalistische Logik der kontinuierlichen Profitsteigerung zurückgeführt, die auf der Ausbeutung menschlicher Arbeit und Natur beruht. Für diese Gruppen gehören ökologische und soziale Konflikte zusammen, sodass der Fokus weniger auf klassischem Naturschutz als auf globaler Umweltgerechtigkeit liegt. Modelle einer Postwachstumsgesellschaft sind für sie untrennbar mit Fragen der Verteilung und der sozialen Rechte weltweit verbunden.[45] Ein gerechter, solidarischer und emanzipatorischer Postwachstumspfad impliziert eine radikale Transformation der Gesellschaft, die über kleine Korrektureingriffe weit hinausgeht.

Im Jahr 2010 gründeten schließlich junge alternative Ökonom(inn)en aus dem Umfeld der *Vereinigung für Ökologische Ökonomik*, die sich als konsequent wachstumskritisch positioniert, das Netzwerk *Wachstumswende* (NEWW).[46] Es zählt derzeit über 500 Mitglieder, verbindet Wissenschaftler(innen) und Praktiker(innen) aus verschiedenen Gruppen und Bundesländern und ist zum wichtigsten Knotenpunkt der deutschen Wachstumskritiker(innen) geworden.

In den letzten Jahren ist eine beachtliche Anzahl von wissenschaftlichen und nichtwissenschaftlichen Publikationen auch in deutscher Sprache erschienen. Der Wachstumsmotor Europas denkt ernsthaft über Postwachstum nach.

## Kapitel III
## Inspiration für eine Postwachstumsgesellschaft: Entwürfe einer konkreten Utopie

### Décroissance, Postwachstum und das utopische Denken

Wie Latouche schreibt, ist die Décroissance weniger *eine* Alternative als vielmehr ein ganzes kreatives Spektrum von Alternativen[47]. Gerade diese Vielfalt ist auch die Stärke der utopischen Vision einer Postwachstumsgesellschaft: Sie kann an Themen, Vorstellungen und Überzeugungen anknüpfen, die für eine radikale gesellschaftliche Veränderung stehen. Dieses Kapitel zeigt einige der Inspirationsquellen der Décroissance, die zugleich ein starkes kritisches Potential haben und an verbreitete Wertvorstellungen anschließen. Dazu gehören: 1) die ökonomische und 2) ökologische Wachstumskritik; 3) die Kritik an dem westlichen Entwicklungsmodell aus der Perspektive des sogenannten globalen Südens; 4) die französische Tradition der politischen Ökologie.

Am Ende werde ich zwei wichtige Beiträge zur Vision einer Postwachstumsgesellschaft ausführlicher vorstellen: den von Serge Latouche aus Frankreich und den von Niko Paech aus Deutschland. Beide Autoren verstehen ihre Entwürfe als konkrete Utopien: Sowohl als Kritik des Gegenwärtigen als auch als aktive Transformationskraft können die Ideen der Décroissance und des Postwachstums inspirieren und den Wandel einleiten. Die Leitidee einer Postwachstumsgesellschaft bricht damit verfestigte Denkweisen auf und eröffnet neue Vorstellungen jenseits der vermeintlichen Wachstumszwänge. Gleichwohl dient sie als Inspiration für konkrete Projekte, Experimente und Initiativen, die überall aus dem Boden sprießen.

## Inspirationsquellen und Verbündete der Décroissance

*Ökologische Ökonomie im Dienst des guten Lebens*

Für die heute herrschende ökonomische Theorie findet der Kreislauf zwischen Unternehmen und Haushalten beziehungsweise zwischen Produktion und Konsum im luftleeren Raum statt. Die Wirtschaft entfernt sich von den Prozessen der Umwandlung von Rohstoffen und Energie in wertvolle und wirtschaftlich verwertbare Produkte und ignoriert somit ihre eigenen biologischen und physikalischen Bedingungen. Dagegen erinnern uns ökologische Ökonomen daran, dass das Wirtschaftssystem nicht nur in das soziale System menschlicher Beziehungen und gesellschaftlicher Institutionen, sondern auch in das komplexe und fragile ökologische System des Planeten eingebettet ist.

Der Vater der ökologischen Ökonomik ist ebenjener Nicholas Georgescu-Roegen, auf den auch die Etablierung des Begriffs *Décroissance* zurückgeht. Die Ökonomie ist für Georgescu-Roegen eine kreative menschliche Tätigkeit, die gewissermaßen die Evolution in veränderter Form vorantreibt. Während nichtmenschliche Lebewesen sich durch die langfristige Veränderung ihres biologischen Körpers weiterentwickeln, wandeln sich Menschen nicht nur biologisch, sondern vor allem kulturell, durch den Einsatz von Mitteln außerhalb ihres Körpers. Ziel der Ökonomie solle daher die Verbesserung der Lebensbedingungen und schließlich das gute Leben sein. Wenn aber die Ökonomie am Wachstum und an einer kontinuierlichen Steigerung der Wertschöpfungsprozesse orientiert ist, wird sie sogar zu einem Hindernis für Lebensqualität.

Weil Ökonomie in diesem Sinne die kulturelle Verlängerung biologischer Prozesse ist, ist sie auch von den Bedingungen abhängig, die das Leben überhaupt und alle kreativen Prozesse ermöglichen. In der erfolgreichen Evolution haben Lebewesen immer schon auf die einzige, praktisch unerschöpfliche Quelle hochwertiger Energie zurückgegriffen, die es auf der Erde gibt: die Energie der Sonne. Diese wird dann durch die unermüdliche Aktivität von lebendigen Organismen (Pflanzen und Bakterien) sowie von der Erdoberfläche (Land) gefangen und für andere Lebewesen wie uns nutzbar gemacht. Die Menge der Sonnenstrahlung ist zwar so gut wie unbegrenzt, nicht aber die Intensität ihres Strömens:[48] Wir können schließlich nicht schon heute die Sonnenenergie von morgen nutzen. Lebewesen sind für ihre kreative Entwicklung und Regeneration auf diese zeitlich begrenzte Energiezuweisung angewiesen. Das heißt, dass ihre Regenerationsprozesse (wie zum Beispiel die Wiederherstellung der Fruchtbarkeit des Bodens) einfach Zeit brauchen.

Durch seine kulturelle und technische Entwicklung hat der Mensch es geschafft, sich ein wenig von dieser zeitlichen Abhängigkeit zu lösen. Eine Grundbedingung dafür war die Entdeckung und der Einsatz der irdischen Bestände von Energie (fossile Energieträger) und hochwertiger Materie (Metalle und Erze). Unter einmaligen geologischen Bedingungen haben sich diese wertvollen Vorräte gebildet. Anders als die Sonnenenergie sind sie zumindest unbegrenzt in ihrer Nutzungsintensität, nicht aber in ihrer Menge. Die heutige Nutzung kann nur auf Kosten künftiger Generationen gesteigert werden, eben nur solange der Vorrat reicht. Zwar kann etwa die Regeneration der Böden durch chemische Dünger gesteigert und beschleunigt werden, dies bedarf aber eines sehr hohen, meist fossilen Energieeinsatzes und beruht auf dem Abbau der bereits knappen Phosphatvorräte. Die Beschleunigung und Intensivierung unserer Wirtschaftsweise erhöht ständig den Ressourcen- und Energieverbrauch, vor allem von nicht erneuerbaren Quellen. Wirtschaftliches Wachstum beruht gerade auf dieser Verschiebung von der solaren zur irdischen Quelle hochwertiger Energie. Diese Möglichkeit ist aber nicht unbegrenzt gegeben. Selbst eine effizientere und energiesparende Produktion wird das Problem nicht lösen: zum einen, weil sie meist wieder nichtig gemacht wird durch Konsum- und Verbrauchssteigerung; zum anderen, weil effizientere Technologien oft parasitär sind. Sie reduzieren den Energie- und Ressourcenverbrauch in einem bestimmten Prozess, indem sie ihn an anderer Stelle erhöhen und dort die Umwelt mehr belasten. So macht sich zum Beispiel niemand Gedanken über die künftige Entsorgung der Dämmmaterialien, die derzeit überall zur Erhöhung der Energieeffizienz von Gebäuden eingesetzt werden.

Auch fossile Quellen durch erneuerbare zu ersetzen ist nur auf den ersten Blick der goldene Weg zu einem nachhaltigen Wachstum. Denn auch hierfür werden Materialien benötigt, die nicht im Überfluss vorhanden sind, wie seltene Erden und Metalle. Außerdem verbraucht auch der Einsatz von erneuerbaren Energien zunehmend Land – im Sinne von Fläche (Photovoltaik und Solar, Windenergie) und von hochwertigen Böden (Biomasse, Biodiesel). Schon jetzt steigt die Konkurrenz in der Nutzung von Land für Energie- oder für Lebensmittelerzeugung an. Da sich aber Land nicht beliebig vergrößern lässt, stoßen wir an planetarische Grenzen.

Solche Grenzen sind nicht nur räumlich, sondern auch zeitlich: Intensivierung und Effizienzsteigerung erhöhen den Druck auf die Regenerationsfähigkeit der Ökosysteme und verlagern die Konsequenzen eines aggressiven Raubbaus auf andere Erdregionen und in die Zukunft. Bereits jetzt gehen weitere Erdbevölkerungsteile aus dem Kampf um die Ressourcen als Verlierer hervor.

Georgescu-Roegen schloss aus dieser Analyse, dass die Ökonomie in den Industrieländern notwendigerweise schrumpfen muss. Schrumpfung bedeutet für ihn aber nicht unbedingt Rezession oder Verminderung der Lebensqualität. Im Gegenteil: Sie sei die einzige Möglichkeit, die Ökonomie wieder zu ihrem Ursprung zurückzuführen und in den Dienst des guten Lebens zu stellen.

### *Die drei Traditionen der Umweltbewegung*

Das wachsende Bewusstsein über die ökologische Krise und die Auseinandersetzung mit den ökologischen Grenzen bildet sicherlich die stärkste Inspiration für die Postwachstumsbewegung. In der Umweltbewegung lassen sich wiederum drei wichtige Traditionen der ökologischen Kritik identifizieren, von denen aber vor allem die dritte eine sehr wichtige Rolle für die französische Décroissance spielt.

In der ersten Tradition geht es hauptsächlich um die Sicherstellung der Reproduktionsbedingungen unseres Wirtschaftens und um Maßnahmen gegen Schadstoffbelastungen für den Schutz menschlichen Wohlergehens. Durch eine immer bedrohlichere Knappheit von Ressourcen (Öl, aber auch Phosphate, die eine Grundbedingung für landwirtschaftliche Produktion sind, oder Wasser zum Trinken und Bewässern) und durch Senken (steigende Klimaerwärmung, sinkende Fruchtbarkeit der Böden, Übersäuerung der Ozeane) befinden sich Wirtschaft und Wachstum selbst in der Krise. Aus dieser Perspektive ist der Kampf gegen Umweltverschmutzung und Ressourcenverknappung im Hinblick auf die Gesundheit und den Wohlstand der Menschen vor allem für die industriell entwickelten Länder zentral, wobei die wachstumsabhängige Wirtschaft erhalten bleiben soll. Umweltschutzmaßnahmen dieser Art, wenn sie nicht in einen radikaleren Umbau der Gesellschaft eingebettet sind, weisen Anhänger(innen) der Postwachstumsbewegung als Schritt in die falsche Richtung zurück. Schließlich bleibt Wirtschaftswachstum in dieser ersten Tradition das unumstrittene Ziel, während Nachhaltigkeit und Umweltschutz nur so weit adressiert werden, wie sie für die Sicherstellung dieses Wachstums notwendig sind. Im Mittelpunkt stehen ausschließlich die (wirtschaftlichen) Interessen der Menschen, während die nichtmenschliche Natur dafür bloß instrumentell betrachtet wird.

Entgegen dieser verengten Sicht sind viele Postwachstumsaktivist(inn)en von alternativen Positionen fasziniert, die für den Eigenwert von Natur, für den Schutz der Arten- und der Ökosystemvielfalt plädieren und für eine radikale Reduzierung des menschlichen Einflusses auf natürliche Prozesse kämpfen.[49] Die Abkehr von Wachstum ist aus dieser Perspektive schon deshalb ein notwendiges Ziel, weil wir moralisch verpflichtet sind, die Natur zu schützen. Federführend für diese zweite Tradition der Umweltbewegung ist die sogenannte tiefenökologische Bewegung. Tiefenökolog(inn)en lehnen ein anthropozentrisches Verständnis ab, in dem der Mensch mit seinen Interessen als Zentrum der Welt und als alleiniger Träger von moralischem Wert behandelt wird. Gegen die Prämisse einer Sonderstellung des Menschen im Universum vertreten sie einen sogenannten biosphärischen Egalitarismus: Demnach besitzen alle Lebewesen und Ökosysteme einen Wert an sich, unabhängig von ihrem Nutzen für den Menschen. Dieser Wert hat auch eine moralische Bedeutung und ist nicht »verhandelbar« gegen menschliche Interessen. Menschen haben kein Recht, die Naturvielfalt zu reduzieren, außer um ihre Grundbedürfnisse zu befriedigen. Daraus folgen sowohl die Notwendigkeit einer drastischen Reduzierung der weltweiten Bevölkerung als auch ein radikaler Umbau der ökonomischen, technologischen und kulturellen Strukturen einer Gesellschaft.[50] Menschen sind demnach zusammen mit anderen Tieren, Organismen und Ökosystemen gleichwertige Mitglieder der biotischen Gemeinschaft, in der sie leben. Einige Vertreter(innen) dieser Position entwerfen auf dieser Grundlage das Ideal einer Gesellschaft, in der menschliche und nichtmenschliche Wesen in natürlicher Harmonie zusammenleben: Jedem Einzelnen werde ein von Natur her bestimmter Platz in der Gemeinschaft relativ zu seiner Funktion für das Ganze zugeschrieben. Zum Teil sollen Gemeinschaften sogar ihre ökologischen und kulturell spezifischen Merkmale bewahren, indem sie sich von anderen abschotten. In vielen politisch naiven Visionen von lokalen sich selbstversorgenden Postwachstumsgemeinschaften lauert die Gefahr einer diskriminierenden Grenzschließung, die biologisch und ökologisch begründet wird.

Gerade die französische und südeuropäische Décroissance-Bewegung wurzelt aber in einer dritten Tradition der Umweltbewegung, der ein anthropozentrisches Verständnis zugrunde liegt und die Vorstellungen, die die Menschheit nur als einen Teil eines breiteren lebenden Organismus sehen, ablehnt.[51] Diese Tradition reduziert natürliche Prozesse und Lebewesen nicht auf ihren bloßen Nutzen für den Menschen, sondern versteht die Mensch-Natur-Beziehung in ihrer ganzen Komplexität als eine Beziehung, die auch ästhetische, spirituelle, sinnstiftende Aspekte umfasst. Individuen sind auf die Natur nicht nur für ihr eigenes Überleben angewiesen, sondern brauchen sie auch als wesentliche Grundlage für ein menschenwürdiges, gelungenes und sinnvolles Leben.[52] Die Kritik gegen die Zerstörung von Natur in dieser dritten Tradition der Umweltbewegung richtet sich auch gegen die bloß verfügungsorientierte und bürokratische Einstellung unserer Beziehung zur Natur.[53]

Während die zweite Variante der Umweltbewegung im globalen Norden vor allem Wildnis- und Biodiversitätsschutz betreibt und in eine heikle Debatte um die Eigenwerte von Natur verstrickt ist, kämpft eine weitaus größere Bewegung vor allem (aber nicht nur) aus dem globalen Süden für den Schutz der Lebensgrundlagen von indigenen Völkern, Kleinbauern und -bäuerinnen und anderen peripheren Gruppen. Mit Schutz der Lebensgrundlagen meinen sie nicht nur die Sicherung ihres bloßen Überlebens, sondern auch den Schutz von sinnstiftenden, gemeinschaftsbildenden und kulturell verankerten Mensch-Natur-Beziehungen, wobei gerade auch traditionelle Nutzungs- und Umgangsformen sowie lokales Wissen erhalten bleiben sollen. Es ist ein Kampf um die Autonomie der lokalen Gemeinschaften gegenüber den globalen Entwicklungen. Die Auseinandersetzungen im Chiapas und in anderen lateinamerikanischen Ländern sprechen im Namen der globalen Umweltgerechtigkeit oder im Sinne einer »Umweltbewegung der Armen«, wie Martinez-Alier sie zutreffend nennt.[54] Die spanischen, französischen und italienischen Postwachstumsbewegungen stehen diesen globalen Umweltgerechtigkeitsgruppen viel näher als dem traditionellen Umweltschutz mit seiner verengten Perspektive.

Weltweit steigt die Zahl von Konflikten, die zugleich sozial und ökologisch sind, wie zum Beispiel umweltbezogener Rassismus, Diskriminierung und zwanghafte Umsiedlungen zeigen.[55] Überall auf der Welt werden Kleinbauern und Kleinbäuerinnen wegen Rohstoffabbau, Energiegewinnung und Industrieproduktion von ihrem Land vertrieben. Umweltschädliche Rohstoffgewinnung und toxische Abfälle werden in arme Länder oder in Gebiete verlagert, wo sozial schwache oder diskriminierte ethnische Gruppen leben, wie zum

Beispiel in den USA in Gemeinden mit einer mehrheitlich indigenen oder schwarzamerikanischen Bevölkerung. Der europäische Elektroschrott wird nach Ghana exportiert, wo in den letzten 15 Jahren anstelle der grünen Lagune die giftigste Müllhalde der Welt entstanden ist. Die als gebrauchsfähige Secondhandware deklarierten Computer, Kühlschränke und Fernseher werden dort ohne jegliche Schutzmaßnahmen auf der Suche nach noch verwertbaren Rohstoffen auseinandergebaut oder einfach verbrannt. Der geplante und eingebaute schnelle Verschleiß unserer elektronischen Geräte, der das Wachstum in unseren Ländern ankurbelt, Arbeitsplätze sichert und das Leben leichter machen soll, endet als tödliches Gift in Ghana.

Auch bei uns in Europa sind Umweltproblematiken immer mit sozialen Konflikten verknüpft. So protestierte letztes Jahr in Süditalien ein Arbeiter der Stahlfabrik ILVA, die jahrzehntelang die Gegend von Taranto mit giftigen Abgasen und Abfällen verseucht hatte, gegen die juristisch angeordnete Schließung mit dem Satz: »Besser morgen Krebs als heute Hunger.« In der Region ist die Anzahl von Kindern mit Leukämie doppelt so hoch wie in anderen Gebieten, Krebs ist alltäglich. Diejenigen, die keine Macht oder keine Stimme haben, tragen die Last.

Selbst wenn es nicht immer um Leben und Tod geht, protestieren Menschen überall in Europa gegen Großinvestitionsprojekte, die das Wachstum vorantreiben sollen, deren Sinn aber kaum zu begründen ist und deren Konsequenzen für die Menschen und die Natur schwerwiegend sind.[56]

### *Postdevelopment oder: Buen Vivir als Alternative zur Entwicklung*

In Ländern des globalen Südens wird schon lange eine scharfe Kritik gegen das Entwicklungsmodell der Industrieländer formuliert – bekannt als Postdevelopment-Diskurs. Die technologie- und industriebasierte Entwicklung westlicher Länder hat zwar vormoderne Gesellschaften aus der Not der Armut befreit und Emanzipationsprozesse befördert. Gleichwohl hat sie aber die gewonnenen Freiheiten schnell wieder in eine erneute Entfremdung verwandelt, durch die zwanghafte Erzeugung immer neuer Bedürfnisse und Abhängigkeiten, die zu steigender Ungleichheit und einem Verlust an Autonomie geführt haben und die traditionellen sozialen und solidarischen Netzwerke beeinträchtigen.[57] Das prinzipielle Festhalten an Wachstum in modernen Gesellschaften hat steigenden Wettbewerb, den ständigen Vergleich mit anderen, die Manipulation der Wünsche durch Werbung, die geplante Kurzlebigkeit von Gütern und schließlich die kontinuierliche Beschleunigung bei Innovationen sowie des Lebenstempos derjenigen, die im Hamsterrad mitlaufen können oder müssen, zur Folge.[58] Das eigene Auto etwa – Symbol von Bewegungsfreiheit und Wohlstand – bleibt dabei im Verkehrschaos und Stau stecken und wird zum Symbol einer lästigen Abhängigkeit.

Armut wird durchweg als negativer Begriff konstruiert, die um jeden Preis »besiegt« werden soll. Dagegen unterscheidet Majiid Rahnema, ein wichtiger Vertreter des Post-Developments, drei Formen von Armut:[59] 1) die freiwillige Armut als asketische Schlichtheit und individueller Weg zur Selbstverwirklichung; 2) die teils freiwillige Armut, die durch kreative und solidarische Bewältigungsstrategien einen Handlungsspielraum für Gestaltungsfreiheit öffnet. Eine solche Armut repräsentiere historisch und geographisch eine sehr erfolgreiche Strategie autonomer Lebensbewältigung; 3) die »modernisierte Armut«, die durch eine zunehmende Kluft zwischen sozial erzeugten Bedürfnissen und der Unfähigkeit, die notwendigen Mittel für deren Befriedigung aufzubringen, charakterisiert ist. Es sei der moderne Entwicklungspfad der Industriegesellschaften, der Armut dieser vielen Dimensionen beraubt und allein in materielles und geistiges Elend verwandelt habe.

Deswegen geht es aus der Perspektive des Post-Developments nicht um einen anders gearteten Entwicklungspfad, sondern vielmehr um eine Alternative zur Entwicklung.

Unter diesem Motto argumentiert der ehemalige Präsident der verfassungsgebenden Versammlung Ecuadors, Alberto Acosta, prinzipiell gegen das westliche Entwicklungsmodell, das Länder des globalen Südens als billige Rohstoffexporteure für das Wirtschaftswachstum der Industrieländer in eine chronische Abhängigkeit zwingt.[60] Wie andere politische Aktivist(inn)en aus Lateinamerika lehnt auch Acosta die Fortschrittsideologie – konservativer oder aber auch sozialistischer Prägung – ab und plädiert für ein neues Gesellschaftssystem, das unter dem Motto des *Buen Vivir* (gut leben) bekannt ist. *Buen Vivir* ist ein gemeinschaftliches Projekt, das durch demokratische Diskussionsprozesse neue Rahmenbedingungen für das soziale Miteinander, für Produktion und institutionelle Strukturen in einer pluralen und vielfältigen Gesellschaft aushandelt. Das *Buen-Vivir*-Konzept wurde vor allem von den indigenen Bevölkerungen Boliviens und Ecuadors entwickelt und fußt auf einem alternativen Verständnis der zwischenmenschlichen Beziehungen und der Mensch-Natur-Beziehung. Gesellschaftliche Verbesserung (statt Entwicklung) hin zu einem guten Leben in der Gemeinschaft für alle – so Acosta – kann nur im permanenten und konstruktiven Dialog gelingen. Das Konzept des *Buen Vivir* wurde nach einem langen Prozess des Austausches und der Konsultationen im ganzen Land, an dem alle Bürgerinnen und Bürger beteiligt waren, als Leitprinzip der neuen Verfassung in Ecuador verabschiedet. Die »Pachamama«, die Mutter Erde, gilt als Grundlage für das gemeinsame Leben und drückt das politische Selbstverständnis eines Landes aus, in dem die indigenen Völker einen Großteil der Bevölkerung ausmachen. Laut der ecuadorianischen Verfassung besitzt die Natur »das Recht, dass die Existenz, der Erhalt und die Regenerierung ihrer Lebenszyklen, Struktur, Funktionen und Evolutionsprozesse respektiert werden« (Artikel 72). Außerdem kann jede Person oder Gemeinschaft die öffentliche Autorität auffordern, die Rechte der Natur auch umzusetzen (Artikel 72). Handelt es sich hier um die Perspektive der Eigenwerte von Natur, von denen im letzten Abschnitt die Rede war? Manche lesen diese Passagen so. Ich finde aber, dass die Verfassung etwas anderes zum Ausdruck bringt: Im Mittelpunkt der *Buen-Vivir*-Konzeption stehen die Rechte der indigenen Bevölkerung und die Konflikte um die Erhaltung ihrer natürlichen und kulturellen Lebensgrundlagen. Zu dem sozialen Geflecht von Relationen, in das jeder Mensch eingebettet ist und das eine wesentliche Bedingung für sein gutes Leben ist, gehören auch die nichtmenschliche Natur und andere Lebewesen. Es geht also nicht so sehr um die Eigenwerte oder die Rechte einzelner Elemente von Natur, sondern eben um die Regenerierung ihrer Lebenszyklen, Funktionen und Evolutionsprozesse. Die Grundbedingungen der kreativen Prozesse, die das Leben erhalten und gedeihen lassen und an denen der Mensch aktiv teilhat, sollen erhalten werden. Deswegen steht die Verfassung Ecuadors auch nicht für ein organisches Verständnis des Gemeinschaftslebens, in dem alles von Natur aus bestimmt ist (wie in manchen reaktionären Varianten gelesen wird). Ganz im Gegenteil: Pluralismus, Offenheit, Geschlechtergerechtigkeit, demokratische Teilhabe und Mitgestaltung sind die Grundpfeiler des *Buen Vivir* – sowie auch eine soziale und solidarische Wirtschaftsform, die nicht von kontinuierlichem Wachstum abhängig ist.

Das *Buen Vivir* ist nicht nur ein Ideal, sondern auch ein lebendiger Prozess, in dem die Möglichkeit einer anderen Gesellschaftsordnung antizipiert und erlebt wird. Als konkrete Utopie birgt es nicht nur die Hoffnung für eine radikale Alternative, sondern öffnet auch reale politische Erfahrungsräume, in denen sich Menschen über ihre Vorstellungen des guten Lebens austauschen und nach gemeinsamen Bedingungen dafür suchen können. Das gute Leben ist nicht mehr eine bloße Frage individueller Lebensstile, sondern ein kollektives, politisches Projekt.

Es wird noch ein langer und mühsamer Weg sein, bis das Prinzip des *Buen Vivir* und die Verfassung Ecuadors in konkrete Maßnahmen und Veränderungen der Lebensbedingungen und Institutionen münden. Der langsame Weg der konkreten Utopie ist fragil und gefährdet. Alleingelassen von der internationalen Gemeinschaft, kämpft Ecuador nun um sein Überleben, und der Präsident hat entschieden, die Ölvorräte im größten und schönsten Naturschutzgebiet der Welt zur Förderung freizugeben. Auch wenn das nicht unbedingt ein Scheitern des *Buen Vivir* bedeuten muss, dämmen die globalen Machtverhältnisse die Kraft des Konzeptes definitiv ein. Gerade das Bündnis zwischen dem *Buen Vivir* im globalen Süden und dem Postwachstum im globalen Norden kann aber diese Kraft wieder erstarken lassen.

### *Politische Ökologie: Autonomie als kollektives Projekt*

Umweltschutz sowie auch der Schutz der natürlichen Lebensgrundlagen sind leider mit autoritären technokratischen Lösungen perfekt kompatibel. Wie schon in den 1970er Jahren André Gorz schrieb, auf den viele Décroissance-Aktivist(inn)en zurückgreifen, stehen wir heute wieder vor der Alternative: entweder ein Miteinander in der Tradition von Autonomie und Selbstbestimmung oder eine intransparente zentralisierte Steuerung im Sinne einer autoritären Technokratie. Wenn es uns nicht gelingt, durch demokratische und gemeinschaftliche Entscheidungen ökonomische Produktion und technologische Entwicklung einzuschränken und neu zu gestalten, wird der Umgang mit ökologischen Grenzen durch zentrale Machtstrukturen reguliert und uns übergestülpt. Deswegen muss Ökologie für Gorz immer auch *politische* Ökologie sein, denn die Gestaltung von Mensch- und Gesellschaft-Natur-Verhältnissen ist immer genuin politisch und normativ. Hauptaufgabe der politischen Ökologie ist es, im Namen von Autonomie und Freiheit gegen eine fremdgesteuerte und aufgezwungene ökologische Regulierung durch Großtechnologien Widerstand zu leisten. Wie die Leinwand dem Maler Grenzen setzt, zugleich aber die Bedingung seiner kreativen Entfaltung ist, so bedeutet Freiheit Gestaltung von Lebensmöglichkeiten, aber nicht grenzenlose Optionsvielfalt. Sich selbst die eigenen Gesetze zu geben – die wortwörtliche Bedeutung von *Autonomie* – fordert daher auch Selbsteinschränkung, aber nicht als einen asketischen Weg des individuellen Verzichts. Selbsteinschränkung entsteht vielmehr, wenn wir uns vergegenwärtigen, in soziale und ökologische Gefüge eingebettet zu sein, die gemeinsam gestaltet werden müssen. Autonomie in diesem Sinne ist dann nur in einer Gesellschaft möglich, in der durch demokratische Entscheidungsprozesse und solidarische Formen der Produktion ökonomische Aktivitäten an den gefühlten und öffentlich artikulierten Bedürfnissen orientiert und nicht andersherum ständig neue Bedürfnisse erzeugt werden.

Gegen das alldurchdringende Paradigma kapitalistischer wachstumsorientierter Gesellschaften bahnt sie einen Weg für ein neues kreatives Selbstverständnis, wie eine der Schlüsselfiguren der politischen Ökologie in Frankreich, Cornelius Castoriadis, schreibt. Freiheit als Autonomie bezeichnet für ihn die Fähigkeit der Selbstgestaltung einer Gesellschaft, die die eigenen Institutionen und Grundwerte selber wählt und sich dabei gegen alle vermeintlich vorgegebenen Notwendigkeiten (seien diese wissenschaftlich, historisch oder sozial begründet) und verselbstständigten Deutungs- und Legitimationsmuster (egal, ob religiös, naturgegeben oder »marktreligiös«) wehrt. Jede Gesellschaft ist nämlich ein allumfassendes System des Selbst- und Weltverständnisses, ein »Imaginäres« (wie Castoriadis es nennt), das Regeln, symbolische Deutungen und Bedeutungen umfasst, die wiederum Praktiken, Beziehungen und Institutionen legitimieren und zusammenhalten. Dieses Imaginäre ist das Ergebnis ständiger gesellschaftlicher Schöpfung. Nun kann es passieren, dass sich ein bestimmtes Imaginäres – wie zum Beispiel das kapitalistische – verselbstständigt und danach erstarrt: Dann wirkt es als etwas Vorgegebenes, Indiskutables, von außen Aufgezwungenes. Gefangen in diesem Zwang, bleibt eine Gesellschaft Normen und Bedeutungen ausgeliefert, die sie sich nicht selbst gegeben hat. Denken wir zum Beispiel an Prinzipien wie die Steigerung der Wettbewerbsfähigkeit, die Deregulierung der Finanzmärkte, die Flexibilisierung der Arbeit: Sie wirken zum Teil schon fast wie Naturgesetze, gegen die man kaum rebellieren kann. Der Weg in die Autonomie ist für Castoriadis dagegen eine Befreiungsbotschaft, durch die eine Gesellschaft ihre kreative Gestaltungsmacht zurückerlangt und sich fortan jedem TINA (*There Is No Alternative*) widersetzen kann. An dieser Stelle hat die politische Ökologie die subversive Kraft, das kapitalistische Imaginäre mit seiner Logik von stetig steigender Produktion und steigendem Konsum radikal zu hinterfragen.

Befreiung braucht Vorstellungskraft, Sehnsucht nach dem anderen, denn »nicht das, was ist, sondern das, was sein könnte und was sein sollte, braucht uns.«[61] Die politische Ökologie verkörpert so die Hoffnung auf einen radikalen Wandel, der die Autonomie als kollektives Projekt ermöglicht. Sie richtet sich gegen fremdbestimmte Großinvestitionen, Technologien und Programme, die die Ausbeutungsmechanismen unserer Wirtschaft räumlich und zeitlich immer mehr ausdehnen und die Konsequenzen verlagern. Der alternative Weg führt für Castoriadis zu Formen direkter Demokratie, die eine Gesellschaft nicht nur vor dem durchdringenden Einfluss des Marktes, sondern auch vor der zentralisierten bürokratischen Macht von Technokraten beschützen soll, die sich als Volksvertreter(innen) präsentieren, aber nicht so agieren.

Gegen die Gefahr einer technokratischen zentralen Kontrolle verteidigt Gorz kleine, miteinander verbundene Selbstverwaltungsstrukturen, in denen das gesellschaftlich Nützliche und Kreative gemeinschaftlich und demokratisch entsteht. Er plädiert aber auch für eine institutionelle Koordination der Bereitstellung der notwendigen Güter und Dienstleistungen für alle.

## Visionen einer Postwachstumsgesellschaft zwischen Frankreich und Deutschland

### *Serge Latouche: Décroissance als Befreiung von der Wachstumssucht*

Serge Latouche ist nicht nur der berühmteste Wachstumskritiker Frankreichs, sondern auch ein leidenschaftlicher und öffentlichkeitswirksamer Botschafter der Décroissance als einer fröhlichen, geselligen und umweltverträglichen Gesellschaftsordnung.

Wie Castoriadis glaubt auch Latouche an die schöpferischen Gestaltungsmöglichkeiten der Menschen, wobei die fruchtbare Wechselwirkung zwischen symbolischen und kulturellen Vorstellungen einerseits und praktischen Initiativen andererseits den Wandel voranbringen kann. Wenn es uns gelingt, eine positive Spirale von vielfältigen und miteinander verquickten Veränderungen zu erzeugen, die dem Teufelskreis der Wachstums- und Wettbewerbszwänge entgegenwirken, können wir den Boden für eine radikale Transformation bereiten.[62]

Was diese Veränderung genau umfasst, ist bei Latouche nur ansatzweise formuliert, gerade weil es sich um einen Prozess von unten handeln soll, an dem viele verschiedene Gruppen beteiligt sind. Eine notwendige Bedingung für das Gelingen ist aber das, was er »Dekolonialisierung des Imaginären« nennt. Wie bei einer Sucht, die tief in unsere kollektive Vorstellungswelt eingedrungen ist und alle Aspekte des Lebens durchdringt, müssen wir uns von der durchdringenden Wachstumslogik mühsam befreien. Dazu müssen wir uns zunächst der Suchtmechanismen bewusst werden und uns gemeinsam vom Glauben an den Götzen des Wachstums lösen.

2006 formulierte Latouche ein politisches Programm in zehn Schritten für einen ökodemokratischen Pfad zur Décroissance: 1) die Wirtschaft zu einem ökologischen Fußabdruck zurückführen, der nicht größer als die Fläche unseres Planeten ist; 2) Umweltschäden, die durch Transport verursacht werden, in den Preisen sichtbar machen; 3) industrielle und landwirtschaftliche Produktion lokal reorganisieren; 4) kleinbäuerliche Landwirtschaft revitalisieren; 5) Arbeitsproduktivität in Arbeitszeitreduzierung und Arbeitsplatzerschaffung verwandeln; 6) die Erzeugung von sogenannten relationalen Gütern wie Wissen oder Freundschaft fördern; 7) Abfälle reduzieren; 8) Ausgaben für Werbung ahnden und versteuern; 9) wissenschaftliche und technische Innovation durch ein Moratorium eindämmen; 10) Bankgeschäfte und Finanztransaktionen stark regulieren beziehungsweise besteuern und Lokalwährungen fördern.

Die Leitprinzipien fasste er zusammen in dem berühmten »Acht R«-Programm mit acht Verben, die auf Französisch mit

»R« beginnen, was dem deutschen »wieder-«, oder »neu-«, entspricht: neu-bewerten, neu-konzeptualisieren, neu-strukturieren, neu-verteilen, relokalisieren, reduzieren, wiederverwerten, recyceln. Viele dieser Maßnahmen und Praxismuster, wie etwa Recyceln, sind nichts Neues. Anders ist aber der allgemeine Rahmen, in dem sie stattfinden, und die Verknüpfung aller Ziele in einem Gesamtentwurf, der langfristig auf eine radikale kulturelle Veränderung abzielt und sich nicht mit technokratischen Einzellösungen zufriedengeben will.

Beispielweise soll Arbeitszeit stark reduziert und Wettbewerb minimiert werden, indem ein bedingungsloses Grundeinkommen und andere Maßnahmen eingeführt werden, die Einkommen von Arbeit abkoppeln. Die Festlegung eines Maximalgehaltes trage ebenfalls dazu bei, die Maßlosigkeit der Wachstumslogik einzudämmen. Ökonomische Prozesse sollen relokalisiert, indem lokale Netzwerke und Selbstverwaltungsprojekte gefördert werden.[63] Denn ein starkes lokales Netzwerk verfügt über Kontrollmechanismen, die der Eskalation von Produktion und Wettbewerb entgegenwirken.

Das Programm der »Acht R« will Latouche nicht als eine politische Agenda verstanden wissen, sondern vielmehr als ein sozialutopisches Projekt.[64] Décroissance entsteht nicht durch Machtübernahme und eine staatlich koordinierte Umsteuerung, sondern eine Vielfalt von gesellschaftlichen Projekten soll die »autonome« Gesellschaft gestalten.

### *Niko Paech: Postwachstumsökonomie zwischen Selbstversorgung und Genügsamkeit*

In der deutschen wachstumskritischen Debatte fällt der Ökonom Niko Paech durch seine medienwirksame Präsenz auf, und eine große Anzahl von Menschen verfolgen mit Begeisterung seine öffentlichen Auftritte. Aus seiner Analyse der strukturellen und kulturellen Wachstumstreiber entwirft Paech das Projekt einer Postwachstumsökonomie.

Der auf Wachstum basierte Wohlstand in dem sogenannten globalen Norden beruht für Paech auf einer uneingeschränkten ökologischen Plünderung, die verschleiert wird, aber auf Dauer zwangsläufig zum systemischen Kollaps führt.[65] Gerade die Logik immer effizienterer Produktion, die durch Spezialisierung und globale Arbeitsteilung zustande kommt, sowie die technischen Innovationen plündern laut Paech immer intensiver die Ressourcen. Wertschöpfung – gerade in Zeiten hochmoderner Arbeitsproduktivitätssteigerung durch den Einsatz von Maschinen – beute zunehmend die ökologischen Grundlagen wirtschaftlicher Produktion aus. Wachstum beruhe auf einer dreifachen Entgrenzung materieller Ansprüche, die durch globale Arbeitsteilung und Zinsabhängigkeit strukturell und durch den ständigen Vergleich mit anderen und der Steigerungslogik kulturell verstetigt werde: 1) körperlich durch die zunehmende Inanspruchnahme von sogenannten Energiesklaven, ressourcenintensiven Maschinen, die die Arbeitsproduktivität kontinuierlich steigern; 2) räumlich durch die Ausweitung globaler Wertschöpfungsketten mittels Fremdversorgung und Verlagerung von schweren, schmutzigen und unliebsamen Tätigkeiten an ferne Standorte; 3) zeitlich durch die unverantwortliche Plünderung von zukünftigen Möglichkeiten dank der Verschiebung der Schuldenlast in die nahe und ferne Zukunft.

Das Projekt einer Postwachstumsökonomie fußt daher auf zwei Grundpfeilern: 1) die Stärkung einer sogenannten »Ökonomie der Nähe«, die der Fremdversorgung entgegenwirkt und Regionen weitgehend unabhängig von langen, globalen Produktionsketten macht; 2) eine generelle Reduzierung der Nutzung materieller Leistungen, die durch einfachere und genügsamere Lebensstile von jedem einzelnen Individuum als Ziel verfolgt wird. Die erste Strategie wirke gegen den strukturellen, die zweite gegen den kulturellen Wachstumszwang. Lange und räumlich ausgedehnte Produktionsketten seien immer dem Zwang der Profitsteigerung und der Deckung von Schulden für Investitionen untergeordnet, während lokale, kleinräumige Produktionen sich leichter der Notwendigkeit zu wachsen entziehen könnten. Die zweite Strategie richte sich gegen die wettbewerbsgetriebene Spirale der Bedürfnisse, die kulturell und sozial erzeugt werden und die Logik des unersättlichen Immer-Mehr-und-immer-Weiter verstärken. Dabei soll sowohl die Lebensdauer der Produkte durch »handwerkliche Fähigkeiten« oder »manuelles Improvisationsgeschick« verlängert als auch ihre Anzahl durch gemeinschaftliche Nutzung kleingehalten werden. Durch eine Vereinfachung des eigenen Lebens und durch Regionalisierung kann man sich laut Paech von diesen Zwängen teilweise unabhängig machen. Ebenfalls sollte man sich nur mit Produkten versorgen, die sehr weit weg produziert werden, wenn sie lokal unter keinen Umständen hergestellt werden können. Immer da, wo es möglich ist, sollen Produktionsketten im Sinne einer Deglobalisierung radikal verkürzt werden. Lokale Produktion umfasst sowohl nichtmonetäre Tauschbeziehungen (Nachbarschaftshilfe, Tauschringe, Zeitbanken) als auch einen regionalen Markttausch, auf der Grundlage eines zinslosen Regionalgeldes. Auch Innovationen sollen durch die Entwicklung von Technologien lokal verankert bleiben, die leicht reproduzierbar und kontrollierbar sind und die menschliche Produktivität erhöhen, statt sie zu ersetzen. Die lokale Produktion soll durch kleine Unternehmen, die Paech als transparenter und für leichter demokratisch kontrollierbar hält, oder aber auch durch ein Genossenschaftssystem gesichert werden. Darüber hinaus sollen auch Eigenproduktion und Selbstversorgung durch gemeinsame Reparaturwerkstätten und Gärten gestärkt werden.

Für Paech ist zwar eine Veränderung des politischen Rahmens notwendig, aber nicht das erste Ziel. Erst wenn die Akzeptanz in der Bevölkerung durch die eigenständige Umstrukturierung der Ökonomie zugenommen habe, könne man eine entsprechende Umsteuerung hin zu einer Postwachstumspolitik erwarten. Paech formuliert keinen systemischen Umbau der politischen und institutionellen Grundstrukturen aus, obwohl er eindeutig eine stärkere Autonomie von Regionen, die sich selbst versorgen, befürwortet. Seine politische Forderungen umfassen darüber hinaus nur die Regulierung der Finanzmärkte durch eine Finanztransaktionssteuer, die Rückgewinnung der Kontrolle über die Währung (wobei Paech hier nicht unbedingt die Nationalwährung meint, da er an anderer Stelle vom Euro spricht) und die Stärkung der Genossenschaftsbanken auf regionaler Ebene. Außerdem hält er eine Bodenreform für nötig, im Sinne gemeinschaftlicher Nutzung beziehungsweise Nutzung für die Gemeinschaft ohne Eigentümer, aber mit Pächtern. Staatliche Ausgaben sollen vom Ausbau der Infrastrukturen und Subventionierung der Großproduktion hin zu den Bereichen Soziales, Bildung und Gesundheit umgeleitet werden. Dabei ist eine Umgestaltung des Bildungssektors vorgesehen, bei der handwerkliche Fähigkeiten und ethische Werte eine entscheidende Rolle spielen. Eine Obergrenze für Einkommen und Vermögen sowie eine Arbeitszeitverkürzung (ohne Lohnausgleich) und Umverteilung der Arbeitszeit sollen gegen Ungleichheiten wirken. Eigenleistung, Unabhängigkeit und Selbstgenügsamkeit sind für Paech dabei wichtige Werte, die auf dem Weg zum Postwachstum eine leitende Funktion haben.

*Konkrete Utopien auf dem Prüfstand*

Latouches Décroissance-Gesellschaft und Paechs Postwachstumsökonomie verstehen sich ohne Zweifel als konkrete Utopien: Beide kritisieren den herrschenden Glauben an das Wachstum und decken die damit verbundenen Widersprüche und Fehlversprechen auf. Gegen das Mantra des Wachstums als alternativlosen Ausweg aus der Krise zeigen sie die Möglichkeit konkreter Alternativen. Sie greifen dabei auf herkömmliche Wertvorstellungen zurück und geben verschiedenen Formen der Unzufriedenheit eine Stimme. Latouche orientiert sich an globaler Umweltgerechtigkeit, Autonomie, Solidarität und Konvivialität (die gesellige und gemeinschaftliche Gestaltung des Zusammenlebens). Paech legt eine ökologische und intergenerationelle Gerechtigkeit zugrunde und knüpft direkt an das Prinzip der persönlichen Leistung und der Freiheit durch Selbsterzeugung an. Die Ideen sind ähnlich: Freiheit und Autonomie werden durch die Abhängigkeit von den Wachstumstreibern (Zins- und Schuldenspirale, Technologie, Wettbewerb, Konsum) eingeschränkt. Während für Paech aber individuelle Leistung und Genügsamkeit eine zentrale Rolle für den Wandel spielen, betont Latouche stärker kollektive Formen der gesellschaftlichen Umgestaltung. Solidarität und Autonomie sind für ihn gesellschaftliche Aufgaben, die eine andere Kultur und andere Institutionen zugleich benötigen und hervorzubringen versuchen. Maßnahmen zur Reduzierung der Ungleichheit sind dabei ganz zentral. Solidarität ist zwar auch für Paech wichtig, dies aber vor allem im Sinne gegenseitiger Unterstützung und Nachbarschaftshilfe.

Während Paech einen ausformulierten Umstrukturierungsvorschlag für eine Postwachstumsökonomie macht, bleibt Latouche absichtlich vage. Er plädiert für eine kulturelle Revolution gegen die herrschende Wachstumslogik und für eine radikale Veränderung des Selbstverständnisses einer Gesellschaft. Paechs Modell scheint viel detaillierter und einfacher umsetzbar. Das ist auch die Stärke seiner Botschaft: Er vermittelt das Gefühl, die Postwachstumsökonomie sei in Reichweite, wenn nur genug Leute sofort damit anfangen, Produkte selbst zu erzeugen und gemeinsam zu reparieren. Wenn wir aber Paechs Modell dem Kriterium der *Lebensfähigkeit* unterziehen und an nicht beabsichtigte Folgen denken, zeigt auch sein Vorschlag einige Schwächen: Über die gesamtgesellschaftliche Koordination und die tragenden Institutionen der Gesellschaft wird nicht viel gesagt. Stillschweigend erwartet Paech keine große Veränderung der Gesellschaftsstruktur. Könnte die aber bei der anvisierten großen Veränderung der Ökonomie überhaupt so bleiben, wie sie ist? Unklar sind auch die Beziehungen zu anderen Regionen und Weltgebieten: Fremdversorgung soll – wenn auch stark vermindert – nach wie vor kapitalistisch organisiert werden. Was würde aber verhindern, dass sich Fremdversorgung durch den globalen Markt nicht wieder über alle anderen Formen der Produktion hinwegsetzt? Es bleibt zudem offen, wie struktureller Diskriminierung und Ungleichheit entgegengewirkt werden kann. Was ist zum Beispiel mit denen, die sich nicht selbst versorgen können, die aufgrund von psychischen, physischen oder sozial bedingten Einschränkungen ihrer Leistungsfähigkeit von anderen, ja zum Teil auch von den »Energiesklaven« abhängig sind? Wie werden die gesellschaftlich notwendigen Tätigkeiten verteilt und reorganisiert? Auch Latouche plädiert für eine Vereinfachung des Lebens und einen Verzicht auf Technologien, ohne sich darüber bewusst zu sein, welche Konsequenzen welche soziale Gruppen zu bewältigen hätten.

Außerdem sind beide Entwürfe gegen die Gefahr eines ideologischen Lokalismus nicht immun, der zu antiemanzipatorischen und rassistischen Wendungen führen kann.

Angesichts der Krise in Europa spricht sich Latouche für eine Rückkehr zu nationalen und politisch kontrollierbaren Devisen aus, die der Herrschaft globaler Ökonomie entzogen werden sollen. Diese Position ist innerhalb der Postwachstumsbewegung stark umstritten. Relokalisierung muss nicht zwangsläufig durch eine Renationalisierung geschehen. Im Gegenteil könnte ein Bündnis zwischen einer relokalisierten Ökonomie der Regionen und einer Gesamtkoordination auf europäischer Ebene durchaus wünschenswert sein.

Wie realistisch umsetzbar beide Modelle sind, ist zwar eine wichtige, aber erst einmal zweitrangige Frage: Konkrete Utopien eröffnen einen neuen Raum, in dem man nicht nur mit alternativen Erfahrungen experimentieren kann, sondern auch neue Bündnisse ermöglicht werden. Dadurch können Machtverhältnisse verschoben und die Bedingungen für die Umsetzung alternativer Projekte verändert werden. So ist durch die vielen gegenwärtig stattfindenden Experimente, die von beiden Modellen inspiriert sind, bereits jetzt eine neue gesellschaftliche Debatte über Bedürfnisse, Wünsche und Vorstellungen des guten Lebens in Gang gesetzt worden.

# Kapitel IV
## Postwachstumsvisionen auf dem Irrweg

### Vom Abdriften und Manipulieren: Wie aus Postwachstum ein Programm der Restauration wird

Die Idee einer Postwachstumsgesellschaft stellt viele der Werte der industrialisierten Moderne infrage, darunter auch die bisher fast unangetastete Idee des Fortschritts als einer kontinuierlichen Entwicklung, die durch technische, soziale und kulturelle Innovationen die Lebensbedingungen der gesamten Menschheit kontinuierlich verbessern soll. Der Postwachstumsdiskurs ist wegen einer solchen Kritik der Moderne leider auch anfällig für konservative und sogar ökofaschistische Wendungen, die unter dem Mantel einer Postwachstumsgesellschaft weniger die Utopie einer neuen Welt und einer gerechteren und nachhaltigeren Gesellschaft als vielmehr die Wiederherstellung oder Bewahrung alter gesellschaftlicher Muster und Wertsysteme anstreben, die antiemanzipatorisch und antidemokratisch sind.

#### *Das Ende vom Wachstum als Refeudalisierungsprojekt: Meinhard Miegel und das Exit-Modell*

Latouche warnt uns, dass eine solidarische und gerechte Postwachstumsgesellschaft nur unter der Voraussetzung einer radikalen Veränderung von institutionellen, kulturellen und sozialen Rahmenbedingungen funktionieren kann. Wenn eine sonst auf Wachstum ausgerichtete Gesellschaft plötzlich aufhört zu wachsen, gleitet sie von Krise zu Krise in einen Rezessions- und Schrumpfungszustand. Das Ende des Wachstums unter gleichbleibenden Rahmenbedingungen bedeutet Elend.

Mit Scharfsinn hat auch Meinhard Miegel, Sozialwissenschaftler, Publizist und Gründer der *Denkwerkzukunft – Stiftung kultureller Erneuerung*, die zentrale Rolle des Wirtschaftswachstums für unsere moderne Gesellschaft beschrieben. In seinem 2010 erschienenen Buch *Exit – Wohlstand ohne Wachstum* kommt er zu einer ebenso akkuraten wie schonungslosen Diagnose der gegenwärtigen Wachstumskrise und zeigt, warum wir keinen Grund haben, weiter auf Wachstum zu hoffen.[66] Nicht nur die ökologischen Grenzen seien ein Problem, sondern auch, dass in unseren reichen Gesellschaften die meisten Bedürfnisse gesättigt seien. Hinzu kommt, dass unsere Gesellschaften immer schneller veralten, mit langfristigen Konsequenzen für Produktivität und Konsum.

Miegel malt das Ende des Wachstum als Ende des Üppigkeitszeitalters aus: Die Überschüsse, die durch ökonomisches Wachstum generiert wurden, haben den Wohlfahrtsstaat und dessen Verschuldung finanziert sowie eine Reihe von sozialen Dienstleistungen ermöglicht, die nun nicht mehr finanziell getragen werden können. Auch der relative soziale Frieden, den wir seit der Nachkriegszeit in den westlichen Ländern erleben, sei ein Nebenprodukt der glücklichen, aber illusorischen Wachstumsjahre. Diese Zeit sei nun aber zumindest für die Industrieländer endgültig vorbei.

Die an Wachstum gekoppelten Werte hätten aber – so der wertkonservative Miegel – unserer Gesellschaft in vielerlei Hinsicht ohnehin geschadet: Wettbewerb, Individualismus und Selbstverwirklichung hätten die sozialen Bindungen der Menschen erodieren lassen; die Fürsorge des Wohlfahrtsstaats habe die Menschen in die Unmündigkeit getrieben und ihre Freiheit eingeschränkt, da sie nun Hilfe und Unterstützung vom Staat erwarteten, statt selbst nach kreativen Lösungen zu suchen. Die Globalisierung habe eigentlich nur dem Wachstum und der Wohlstandsvermehrung gedient, dabei aber die kulturelle Identität einzelner Regionen bedroht. Die Vielfalt der Kulturen garantiere Stabilität und Vitalität nur unter der Bedingung von Assimilation: Zuwanderer, die sich nicht integrieren wollten, sollten konsequent als Menschen mit einem zeitlich begrenzten Aufenthaltsinteresse behandelt werden.[67] Dies führt zur kulturellen Abschottung und zur Diskriminierung von Differenzen, die angeblich die homogene Kultur des Gastlands bedrohen.

Viele Kritiker(innen) werfen Miegel zu Recht vor, das alte neoliberale Programm der Zerschlagung des Wohlfahrtsstaates unter dem Mantel des Postwachstums wiederbeleben zu wollen: Abbau des Sozialstaates, Prekarisierung der Arbeit, Privatisierung der Renten, Stärkung der Rolle der traditionellen Familien pflastern für ihn den Königsweg aus der aktuellen Krise. In der Tat sucht man im Buch vergeblich nach einer Postwachstumsvision, die als konkrete Utopie das Ideal einer alternativen, gerechteren und lebenswerteren Gesellschaft verkörpert. Denn *Exit* – wie der Titel schon ankündigt – ist der Ausweg aus der Krise als eine Art Notlösung unter geltenden Systembedingungen. Werte- und Bewusstseinswandel definiere die Bedeutung von Wohlstand neu, sodass »materielle Wohlstandsverluste durch immaterielle Wohlstandsgewinne zum Ausgleich gebracht werden«.[68]

Durch die Krise würden klassische wohlfahrtsstaatliche Dienstleistungen privatisiert und die Verantwortung wieder an die Individuen zurückgegeben. An die Stelle staatlicher Absicherung trete private Vorsorge, bis auf eine bloß existenzsichernde Grundversorgung. Insbesondere werde die traditionelle Rolle der Familien gestärkt, die das auffangen müssten, was dem Staat entgleite. In Abwesenheit von Umverteilungsmaßnahmen und sozialer Absicherung müssten die Menschen eigenverantwortlich ihren Lebensunterhalt verdienen. Die in einer schrumpfenden Wirtschaft notwendige Reduzierung der Arbeitszeit führe dazu, dass Lohnabhängige sich eigenständig eine Zusatzaktivität auf selbstständiger Basis suchen müssten, um den Lebensunterhalt zu garantieren.

Das Exit-Programm zielt eindeutig auf Wertewandel *statt* Umverteilung und gesellschaftlicher Transformation. Die neuen alten Werte umfassten Eigenverantwortung, Freiheit, Bescheidenheit und die Wiederentdeckung von nichtmateriellen Quellen des Glücks. So würden auch die Reichen, die durch die allgemeine ethische Neuausrichtung nicht mehr an Eigennutz und Profitsteigerung orientiert seien, eine höhere Spendenbereitschaft zeigen, die Umverteilung ersetze. Die Veränderung der Arbeitswelt und die Schrumpfung der Sozialdienstleistungen werden im neuen Wertesystem als Gewinn umgedeutet: Gegen den bevormundenden Staat, der die Kreativität verschiedener Bewältigungsstrategien gegen Armut durch Sozialleistungen lähme, würde nun eine Ethik der individuellen Verantwortung mehr Freiheit und Selbstbestimmung versprechen, um in Eigenregie zu handeln. Nicht mehr materielle Werte, sondern die Wiederentdeckung der Muße, der Kultur und der Spiritualität würde Menschen lebenszufriedener machen, selbst unter ärmeren Lebensbedingungen.

Dem Exit-Modell geht es letztlich um eine Anpassung der Bedürfnisse und Glücksvorstellungen an die veränderten Zwänge, die nun Austerität und Sozialkahlschlag heißen. Die Verheißung eines wiederzuentdeckenden Glücks entspricht dem neoliberalen Verständnis von Freiheit, die losgelöst von den materiellen und faktischen Bedingungen ihrer Verwirklichung definiert wird. Aber wirklich frei kann man nur sein, wenn die materiellen Nöte gelindert sind und ein selbstbestimmtes Leben möglich ist. So gesehen sind die Sozialleistungen des Wohlfahrtsstaates gerade eine notwendige Bedingung von Freiheit, weil sie Menschen von materieller Abhängigkeit befreien und Kreativität freisetzen können. Wenn diese durch die Wachstumskrise nicht mehr in dem Maße gewährleistet werden können, müssen alternative Wege zur sozialen Absicherung erforscht werden. Ohne Solidarität und Umverteilung kann das nicht gelingen. Miegel versteht aber Solidarität nicht als eine politische und gesellschaftliche Kategorie, sondern bloß als eine Tugend, die vor allem in der Familie zum Tragen kommt. Der vermeintlichen Bevormundung des Staates werden hier der Paternalismus der Bessergestellten und die patriarchalen Verhältnisse der traditionellen Familie entgegengesetzt. Für- und Vorsorgetätigkeit – Kindererziehung, Pflege von älteren, kranken und schwächeren Menschen, Hauswirtschaft – werden dadurch wieder mal auf die klassische weibliche Rollenfunktion abgewälzt. Eigenverantwortung und Selbstbestimmung gibt es im Exit-Modell nur für diejenigen, die sich das leisten können, erstens, weil sie über die nötigen ökonomischen und materiellen Bedingungen verfügen, und zweitens, weil sie nicht durch Herrschaftsverhältnisse und kulturelle Diskriminierung daran gehindert werden, zu denen patriarchale Familienstrukturen, ökonomische Abhängigkeit, Ausschließung und Unterdrückung durch Homophobie, Ausländerfeindlichkeit, Alters- und Behindertendiskriminierung gehören.

Dem Exit-Modell von Miegel wohnt ein Widerspruch inne: Einerseits soll sich der Wohlstandsverlust durch Verarmung und Arbeitszeitreduzierung in einen Gewinn durch die Wiederentdeckung von Tätigkeiten wie Kunst- und Kulturgenuss, Musik und sinnstiftender Muße verwandeln. Andererseits wird aber die große Mehrheit der Menschen ihren Lebensunterhalt durch die Kombination mehrerer Tätigkeiten zwischen Lohn-, selbstständiger Arbeit und Selbstversorgung sichern und in der sonstigen Zeit Fürsorge von Familienangehörigen gewährleisten müssen. Wo bleibt dann für diese Menschen noch Zeit für Muße? Wie soll für sie der Wohlstandsverlust in einen Gewinn umschlagen, selbst wenn der angestrebte Wertewandel erfolgreich wäre? Die Wohlstandsverluste mögen vielleicht alle betreffen, die Gewinne sind jedenfalls nur denjenigen zugänglich, die Bildung, Zeit und wenige existentielle Sorgen haben. Für alle anderen bedeutet die neue Wohlstandsverheißung ohne Wachstum nur noch Elend in materieller und geistiger Sicht.

Das Exit-Modell ist daher im engeren Sinne keine wirkliche Utopie, sondern ein Notprogramm zur Wiederherstellung traditioneller Werte und Lebensformen. In letzter Konsequenz wäre eine solche Gesellschaft durch eine hochgradig ungleiche Verteilung und fixierte gesellschaftliche Positionen mit einer homogenen kulturellen Struktur charakterisiert. Der Frankfurter Kultursoziologe Sighard Neckel spricht von Refeudalisierung, wenn Formen der Verteilung von Einkommen, Anerkennung und Macht etabliert werden, die vormoderne Muster der sozialen Ordnung verkörpern. Das Exit-Modell ist nichts anderes als ein Refeudalisierungs- und Entsolidarisierungsprojekt unter dem Schleier des Postwachstums.

### *Postwachstum als Kulturrevolution von rechts: De Benoist und die Neue Rechte in Frankreich*

Viele der Argumente der Wachstumskritiker(innen) sind für Programme der extremen Rechten attraktiv, besonders wenn sie undifferenziert formuliert werden. Aus der Kritik eines einseitig verstandenen Universalismus wird eine generelle Ablehnung der universellen Menschenrechte; das Plädoyer für die Stärkung des Lokalen wird ohne Mühe in eine Begründung für kulturell homogene und abgeschottete Gemeinschaften verwandelt.

Neofaschistische Propaganda greift schon lange auf den Umweltschutz zurück, um Heimatschutz und Fremdenfeindlichkeit zu verbreiten und salonfähig zu machen. Noch gefährlicher sind subtilere Formen der Annäherung, in denen sich viele Ideen von den üblichen Postwachstumsvisionen oberflächlich kaum unterscheiden lassen. Ein Beispiel für eine regelrechte Manipulation von wachstumskritischen Argumenten ist das Buch des französischen rechtsintellektuellen Alain De Benoist mit dem Titel *Demain, la Décroissance! Penser l'écologie jusqu'au bout* (Morgen die Décroissance! Die Ökologie bis zum Ende denken). Als Mitgründer und Kopf der französischen Organisation *Groupement de recherches et d'études pour la civilisation européenne* (GRECE – Forschungs- und Studiengruppe für die europäische Zivilisation) arbeitet der Publizist schon lange an der Stärkung der *Nouvelle Droite* (Neue Rechte) in Europa. Das Buch ist eine kunterbunte Ansammlung aller möglichen Argumente der ökologischen und kulturellen Wachstumskritik. Auf den ersten Blick unterscheidet es sich nicht sehr von anderen Überblicksbüchern, die auf der Welle der Zeit reiten wollen. Sucht man nach besonderen Perspektiven, die die Position De Benoists von klassischen Décroissance-Ansichten unterscheidet, muss man sorgfältig auf Andeutungen, Auslassungen und Nebenbemerkungen achten. Das Format folgt einer klaren Strategie der Neuen Rechten: Es geht darum, rechtspopulistische Inhalte indirekt zu formulieren und zu tarnen, sodass sie nicht als direkte politische Botschaften erkannt werden und keinen unmittelbaren Widerstand hervorrufen. Dafür müssen die Mitstreiter der Neuen Rechten an bestehende Diskurse anknüpfen, diese regelrecht infiltrieren und strategisch mit dem Ziel für sich nutzen, Akzeptanz für ihre Ziele zu schaffen.

Ein zentraler Punkt ist dabei eben die Kritik an dem westlich geprägten Entwicklungsgedanken – eine Kritik, die stark auf Latouche und andere zurückgreift. Auch De Benoist hinterfragt die ethno- und eurozentristische Entwicklung, die als Königsweg allen Ländern aufgezwungen werde. Die Kritik richtet sich relativ undifferenziert gegen den Ökonomismus (das Primat der Ökonomie und des Marktes in unserer Gesellschaft), die instrumentelle Vernunft (die Reduzierung aller Beziehungen auf Mittel-Zweck-Beziehungen), den Produktivismus (die Orientierung an industrieller Produktion als tragendem Pfeiler der Ökonomie) und den Anthropozentrismus (hier verstanden als Herrschaft und Kontrolle über die Natur).[69] All diese Phänomene werden zusammengefasst in einem einseitigen Bild der »Moderne«, die alles Traditionelle als rückwärtsgewandt und noch nicht entwickelt abstempelt. De Benoist übernimmt die Argumente der Globalisierungskritiker(innen), aber ignoriert absichtlich ihren Bezug auf Herrschaftsstrukturen und Widerstand. In seinem Buch geht es bloß um die Verteidigung traditioneller Werte und nicht etwa um Kämpfe für die Unabhängigkeit der lokalen Ernährungsproduktion vom globalen Markt (Ernährungssouveränität) oder gegen die unter *Landgrabbing* bekannte Übernahme von Flächen durch fremde Regierungen oder multinationale Konzerne, die vorher kollektiv genutzt wurden. Während die Globalisierungskritiker(innen) die westlichen Länder in die Verantwortung für das von ihnen verursachte Elend ziehen wollen und sich für globale Umweltgerechtigkeit einsetzen, suggeriert De Benoist getrennte Entwicklungspfade der verschiedenen Länder. Völker sollen sich demnach anhand ihrer eigenen Tradition entwickeln. Dem Universalismusideal der Menschenrechte wirft er Rassismus vor, denn gerade diese westlich geprägte Idee der Gleichheit aller Menschen würde auch deren rassenbezogenen Differenzen ignorieren. In anderen Texten von De Benoist tauchen geläufige Begriffe der Neuen Rechten auf, wie »Ethnopluralismus« und »differenzialistischer Multikulturalismus«. Damit meint er mitnichten eine multikulturelle Gesellschaft, in der das Zusammenleben unterschiedlicher Kulturen und vielfältiger Lebensformen ermöglicht wird, sondern im Gegenteil eine weitestgehende Trennung von verschiedenen ethnischen Gruppen.

Explizit bezieht sich De Benoist auf die leider durchaus vorhandene rechtskonservative Ader der Umweltbewegung. Über eine rechtsextremistische Unterwanderung der grünen Partei und einiger Umweltverbände berichten zahlreiche Studien. Umweltschutz wird dabei mit Heimat- oder gar Völkerschutz in Verbindung gebracht, und für eine vermeintlich effektivere ökologische Politik soll Demokratie eingeschränkt werden.[70]

Die Neue Rechte nutzt zudem die nordamerikanische Tradition des Bioregionalismus in ihrer radikalsten Version. Eine Bioregion ist nicht nur durch ihre ökologischen Merkmale definiert wie Klima, Bodenbeschaffenheit, Landformen, Tier- und Pflanzenwelt, sondern funktioniere auch als eine ökokulturelle Einheit, in der Natur und Menschen eine »umfassende, das Leben sichernde Gemeinschaft bilden«.[71] Neben vielen eher unpolitischen Varianten hat sich ein starker rechtskonservativer Kern des Bioregionalismus herausgebildet, der für Regionalpatriotismus, und eine heidnisch-germanische Naturfrömmigkeit steht. Kombiniert mit der Idee des Ethnopluralismus soll eine Bioregion so ökologisch und kulturell vereinheitlicht werden: Eine konstante Bevölkerungszahl und die Aufteilung von Funktionen in der Gemeinschaft nach vermeintlich natürlichen Kriterien wie die maximale ökologische Tragfähigkeit der Bioregion sind die Konsequenz. In der Verkehrung der ökofaschistischen Interpretation der Neuen Rechten funktionieren autonome Bioregionen nach dem Ordnungsprinzip eines Organismus. Autonom sind sie in dieser Denkungsart aber keineswegs, denn statt sich selbst die eigenen Gesetze bewusst zu verordnen (in der ursprünglichen Bedeutung von Autonomie als Grundstein der politischen Ökologie), sind in dieser Lesart Menschen in ihrem sozialen Leben durch vorgegebene Interpretationen von einer unveränderlichen Natürlichkeit bestimmt. Anstatt sich als Bürger(innen) politisch mit ökologischen Grenzen auseinanderzusetzen und gemeinsam nach Lösungen zu suchen, die alle mitgestalten und mittragen können, werden Menschen zu funktionalen Gliedern eines hierarchischen Kollektivs und dem Interesse des Ganzen untergeordnet.

De Benoist will seine Botschaft als metapolitisch verstanden wissen, also jenseits einer klaren parteipolitischen Positionierung, gerade weil er als Ziel die kulturelle Vorherrschaft in der Gesellschaft angibt.[72] Ein neues Bündnis unter der Flagge des Ökologismus soll demnach sowohl konservative als auch liberale und sozialdemokratische Parteien als Verfechter der Entwicklungs- und Fortschrittsideologie bekämpfen. Zu den Strategien der Neuen Rechten gehört die Besetzung von Schlüsselthemen der öffentlichen Diskussion, wie ökologische Krise und Wachstumskritik. Die Unterschiede zwischen einer emanzipatorischen, solidarischen und demokratischen Postwachstumsvision und ihrer rechtspopulistischen, hierarchischen und ghettoisierenden Halbschwester werden gezielt vertuscht.

Da die wachstumskritische Bewegung ein fruchtbares Terrain für solche Versuche der Unterwanderung bietet, ist es umso wichtiger, ein klares Bekenntnis zu Fragen der Solidarität, (Um-)Verteilung, Geschlechterverhältnisse, Demokratie und Inklusion zu formulieren.

## Falsche Freunde und gefährliche Verbündete

Nicht nur absichtliche Manipulationen können das Projekt einer Postwachstumsgesellschaft unterminieren. Auf der Suche nach Gleichgesinnten und verwandten Idealen werden auch in anderer Hinsicht oft unreflektiert problematische Bündnisse geschlossen. Einige Leitgedanken der Postwachstumsvision müssen aufgrund dieser Anfälligkeit genauer unter die Lupe genommen werden.

*Alle Macht dem Lokalen!*

Ein zentrales Thema der wachstumskritischen Bewegung ist die Dezentralisierung von Produktion, Selbstversorgung und -verwaltung. Die konkrete Erfahrung von gutfunktionierenden Netzwerken, erfolgreichen Nischenprojekten und zukunftsweisenden Experimenten stärken die Hoffnung, dass die große Transformation aus dem Lokalen hervorgehen kann. In vielen Vorschlägen klingt aber ein radikaler Lokalpatriotismus an. Die utopische Verheißung einer alternativen Gesellschaft jenseits des Wachstums wird so zu einem exklusiven Rettungsprogramm für lokale Gemeinden, die sich durch Isolierung und Ausschließung Vorteile im Wettkampf mit anderen sichern. Das Vertrauen in traditionelle soziale Netzwerke wie die Familie oder die Sippe und in lokale Entscheidungs- und Produktionsstrukturen kann außerdem vorschnell präindustrielle beziehungsweise wachstums- und marktunabhängige Formen der Produktion und des Tausches idealisieren. Dabei bleiben bei vielen dieser Modelle Unterdrückungs- und Herrschaftsverhältnisse hinter dem Gemeinschaftsideal verborgen. Es wird beispielweise verschleiert, dass gleichgeschlechtliche Beziehungen verfolgt werden, Zwangsehen und Kinderarbeit der Normalfall sind oder nur wenige über die Gemeinschaftsstruktur Mitspracherecht haben.

Es gibt in den Postwachstumsmodellen zudem noch viel zu wenige Überlegungen zu der gesamtgesellschaftlichen Koordination zwischen verschiedenen lokalen Selbstorganisationsstrukturen. Relokalisierung als eine konkrete Utopie, die emanzipatorisch und nicht diskriminierend ist, bedarf aber kreativer und innovativer Interaktion, Koordination und Vernetzung zwischen den verschiedenen Regionen und den unterschiedlichen Formen des Zusammenlebens. Jedes Gemeinschaftsmitglied kann zum Beispiel durchaus in diversen Gebieten oder Lebensbereichen aktiv sein, die nicht identisch mit seiner geographischen Zugehörigkeit sind: Man kann sich mal an der Lebensmittelproduktion vor Ort, mal an überregionalen, commonsbasierten Produktions- und Reparaturwerkstätten, mal am internationalen Netzwerkaustausch, mal an übergreifenden Bildungsprojekten beteiligen. Es gibt viele interessante Beispiele, wo im Lokalen zugleich weltoffen, solidarisch und emanzipatorisch zusammengearbeitet wird. Das Konzept von »New Work« etwa ist ursprünglich als selbstorganisierte Reaktion der lokalen Bevölkerung auf die schwerwiegende Krise von General Motors in Flint (Michigan) Ende der 1980er Jahre entstanden.[73] Inspiriert von dem Sozialphilosophen Frithjof Bergmann, reorganisierte sich die Stadt in kleinräumigen Strukturen. So entstanden vor Ort sowohl Beschäftigungsmöglichkeiten als eben auch Produkte und Dienstleistungen für die Gemeinde, die vorher anderswo eingekauft werden mussten, wofür nun das Geld fehlte. New Work ist mittlerweile zu einem internationalen Netzwerk geworden. Der Leitgedanke dieser Bewegung, die auch in Deutschland stark präsent ist,[74] ist die Aufteilung der Arbeitszeit in drei Sphären: klassische Erwerbsarbeit in innovativen, kleinen, lokal verankerten New-Work-Unternehmen, die nicht mehr als zehn Wochenstunden umfassen soll; zehn Wochenstunden Selbstversorgungsarbeit, unterstützt durch den Einsatz von hochmodernen, aber kleinräumigen Technologien für die Produktion von Lebensmitteln, Energie und Kleingeräten für den eigenen Bedarf; schließlich etwa zwanzig Wochenstunden Arbeit, die man, der eigenen Berufung folgend, »wirklich machen will«.[75] Eine Anpassung an die lokalen Umstände und gleichzeitig Vernetzung, Kooperation und Austausch kennzeichnen die Projekte. Die Nutzung von Technologien steht im Vordergrund, die zum Teil gemeinschaftlich und commonsbasiert entwickelt werden, aber flexibel anpassbar sind, sodass sie optimal vor Ort hergestellt und gewartet werden können.

### *Décroissance macht glücklich!*

Viele Studien zeigen, dass Wachstum ab einer bestimmten Schwelle nicht mehr glücklich macht und ein gutes Leben sogar verhindert. Wie der Ökonom Matthias Binswanger gezeigt hat, sind wir in sogenannten *Tretmühlen des Glücks* gefangen, weil Glücksversprechen Unzufriedenheit stiften.[76] Denn je mehr wir haben, desto mehr wollen wir; je schneller wir uns bewegen können, desto öfter und weiter fahren wir; je höher wir in der sozialen Treppe aufsteigen, desto weiter verschiebt sich die Messlatte für soziale Anerkennung und Prestige. Viele Wachstumskritiker(innen) beziehen sich gerne auf solche Studien, um zu zeigen, dass Wachstum eher hinderlich für das subjektive Gefühl der Zufriedenheit ist, und plädieren für einen subjektiven Glücksindikator als Ersatz für das Bruttoinlandsprodukt. Auch die Glücksforschung bestätigt, dass Glück nicht von materiellen Bedingungen abhängt und dass gerade die Befreiung von den Wachstumszwängen uns alle glücklicher machen würde. Ob Glück überhaupt das richtige Kriterium für eine Postwachstumsvision ist, bei der eine tiefgreifende gesellschaftliche Transformation angestrebt wird, ist allerdings zu bezweifeln. Denn Glück ist leicht manipulierbar, variabel und relativ. Glücksvorstellungen werden sehr stark von den gesellschaftlichen und kulturellen Machtverhältnissen beeinflusst, sodass die Zufriedenheit einzelner Menschen auch Ergebnis ihrer Erziehung, Sozialisation und vorgegebener kultureller und gesellschaftlicher Muster ist. Außerdem funktioniert Glück oft als Bewältigungsstrategie – insbesondere bei armen und benachteiligten Personen, die sich an ihre ungünstigen Lebensbedingungen anpassen, um mit den täglichen Widrigkeiten zurechtzukommen.[77] Dadurch werden aber tatsächliche Ungerechtigkeiten verschleiert. Deswegen ist subjektiv empfundenes Glück ein schlechter Indikator für die politische Gestaltung einer Gesellschaft.

Einige Glücksforscher glauben zudem, dass Umfragen über persönliche Lebenszufriedenheit ein demokratischeres Mittel für politische Entscheidungen seien, da statt nur vermeintlich objektiver Messungen hier die Meinung der Befragten direkt zum Ausdruck komme.[78] Dieser Überzeugung liegt ein gefährliches Missverständnis zugrunde: Die Ermittlung von Glücksindikatoren beruht auf statistischen Erhebungen, in denen der Gesprächsrahmen durch das Korsett des Fragebogens festgelegt ist und von den Beteiligten nicht frei gestaltet werden kann. Wirklich demokratische Entscheidungsprozesse müssten hingegen viel mehr sein, als nur persönliche Glücksvorstellungen in einem vorgefertigten Formulierungsrahmen auszudrücken. Dazu gehören grundlegende Überzeugungen, die nicht unbedingt mit dem eigenen Glück im Einklang stehen und sozial motiviert sind. Demokratische Entscheidungen sollten außerdem in ganz verschiedenen Formen gesellschaftlicher Teilhabe getroffen und umgesetzt werden – wie zum Beispiel durch Bürgerinitiativen, die die Energieversorgung rekommunalisieren wollen, in öffentlichen Debatten, Tarifverhandlungen oder Protestaktionen. Kein Fragebogen kann diese Komplexität abbilden.

Subjektiv wahrgenommenes Glück ist daher kein politisches Ziel: Wenn es Ziel der Politik wäre, Menschen glücklich zu machen, könnte man einfach allgemeine Glücksgesetze über bestimmte Meditationspraktiken, Musikveranstaltungen oder Drogenkonsum verabschieden. Das könnte schnell in ein System totalitärer Kontrolle münden, in dem nicht die Bedingungen eines guten Lebens, sondern nur das diffuse subjektive Glücksgefühl im Mittelpunkt politischer Maßnahmen steht. Worum es aber bei der utopischen Vision einer Postwachstumsgesellschaft eigentlich gehen sollte, ist eine gesellschaftliche Auseinandersetzung über die Rahmenbedingungen für ein gutes Leben *für alle*.[79]

### *Weniger ist mehr!*

Als Strategie, um die Nachhaltigkeitsziele zu erreichen, erlangt die Leitlinie der Suffizienz immer größere Bedeutung. Denn was nutzt die effizienteste Technologie, wenn der Gesamtverbrauch und die Gesamtmenge an produzierten und konsumierten Produkten steigen? Postwachstumsvertreter(innen) betonen oft die Falle der sogenannten Rebound-Effekte: Energie, Geld und Zeit, die durch bessere Technologien eingespart werden können, werden durch Konsumverhalten und Wettbewerbslogik wieder zunichte gemacht. Kauft man sich einen neuen energieeffizienten Kühlschrank, so landet der alte im Keller und wird dort weiterverwendet; spart man an Benzinkosten durch ein effizienteres Auto, so kann man längere Strecken fahren oder mit dem gesparten Geld einen

Flug in die Südsee finanzieren; hat ein Unternehmer durch effiziente Innovation die Produktkosten gesenkt, so kann er noch mehr Produkte zum geringeren Preis verkaufen. Suffizienz bedeutet dagegen eine gesamte Reduzierung des Ressourcenverbrauchs und der Nachfrage statt einer bloßen Umorientierung auf effizientere Produkte.

Die vor allem in Nordamerika sehr verbreitete Tradition der sogenannten »voluntary simplicity« – freiwilligen Einfachheit – wird oft und gerne zum Vorbild für nachhaltige und suffiziente Lebensstile in einer Postwachstumsgesellschaft genommen. Auf der zweiten internationalen Degrowth-Konferenz in Barcelona wurde ein Kurzfilm zur Erläuterung der Postwachstumsidee mit vielen Initiativen und Beispielen gezeigt. Der Titel des Films lautet: *Life after Growth – Economy for everyone* (Leben nach dem Wachstum – Ökonomie für alle). Darin sind unter anderen Jim Merkel und Joan Pick zu sehen. Merkel ist aus seiner erfolgreichen Karriere ausgestiegen und hat sich für ein einfaches Leben in die Wälder zurückgezogen. Von dort arbeitet er weltweit für sein Projekt einer »radikalen Einfachheit«.[80] Laut eigenen Angaben hat er es geschafft, über zehn Jahre lang mit nur 5.000 US-Dollar zu leben. Das zweite Beispiel ist noch beeindruckender: Joan Pick, die Frau mit dem weltweit geringsten ökologischen Fußabdruck, geht überallhin zu Fuß, isst nur Rohkost, hat keine Heizung und ist nach eigenen Angaben glücklich.[81]

In beiden Fällen ist die Botschaft klar: Es gehe darum, den eigenen Lebensstil zu ändern, nach asketischen Vorstellungen zu leben und Verzicht zu üben. Die leitende Perspektive eines solchen Verständnisses von Suffizienz ist »Wie viel ist genug?«, und die Hauptprotagonisten des anvisierten Wandels sind einzelne Individuen, die sich nicht nur nebenher engagieren, sondern ihr ganzes Leben danach ausrichten. Dieses Modell ist für viele Postwachstumsaktivist(inn)en wichtig, denn sie wollen hier und jetzt konkrete Alternativen nicht nur aufzeigen, sondern selbst verkörpern. Passt aber diese Ökonomie der Einfachheit wirklich für alle? Oder spricht sie nicht eher nur ökobewusste, hochqualifizierte, gesunde Menschen aus der Mittelschicht an, die nicht um ihr tägliches Überleben, gesellschaftliche Teilhabe und Anerkennung zu kämpfen haben? Die Vorstellung, Glück sei unabhängig von materiellen Bedingungen und resultiere aus einer Befreiung von der Last der materiellen und statusbezogenen Güter, ist eine frohe Botschaft nur für diejenigen, die unter dieser Last zu ersticken drohen. Was ist aber mit denjenigen, die überhaupt noch nie solch übermäßigen Genuss erlebt haben? Natürlich wären die Experimente des freiwillig einfachen Lebens auch ein gangbarer Weg in die Selbstständigkeit und Zufriedenheit gerade für jene, die wenig haben. Aber unter den Rahmenbedingungen unserer Gesellschaft riskiert die Lobpreisung einer freiwilligen Einfachheit für alle, bestehende Ungleichheiten und Ungerechtigkeiten zu verschleiern und somit aufrechtzuerhalten.

Interessanter ist hingegen ein Verständnis von Suffizienz als kritische und politische Kategorie: Anders als bei der freiwilligen Einfachheit geht es hier nicht um die freie Entscheidung einzelner Individuen für einen bestimmten (heroischen) Lebensstil inmitten von nahezu unbegrenzten Möglichkeiten. Es handelt sich hierbei vielmehr um das zu erkämpfende Recht auf eine Lebensform, die alle praktizieren können, wenn sie sich den gesellschaftlichen Zwängen entziehen, die ökologische und soziale Grenzen ständig überschreiten, um Konsum und Wachstum aufrechtzuerhalten. Uta von Winterfeld, Politikwissenschaftlerin beim Wuppertal Institut, fordert ein *Schutzrecht auf Suffizienz* als das Recht, langsamer zu sein, weniger zu haben, einen suffizienten Lebensstil zu führen, ohne auf Teilhabe und die Durchführung eines guten Lebens verzichten zu müssen, nach dem Motto: »Niemand soll immer mehr haben wollen müssen.«[82] Die leitende Frage ist nicht mehr, was genug ist, sondern was zu viel ist, warum wir in einer Logik der Entgrenzung gefangen sind und was man dagegen tun kann. Diese Perspektive hat nicht nur individuelle Lebensstile vor Augen, sondern strukturelle Bedingungen, die es heute nur wenigen ermöglichen, einen sinnvollen, gesellschaftlich akzeptierten und persönlich tragbaren Pfad der Suffizienz einzuschlagen. Denn »wer etwas nicht haben will, muss oft einen ungeheuren Aufwand betreiben, wird an den gesellschaftlichen Rand gedrängt oder wird systematisch daran gehindert. Welch ungeheure Anstrengung beispielsweise, im System ungedrosselter Innovationsgeschwindigkeiten, keinen neuen Computer haben zu wollen, oder diesen weder auf-, noch nach-, noch umrüsten zu wollen.«[83] Die Rahmenbedingungen für ein gerechtes »Weniger ist mehr« umfassen auch die notwendigen Voraussetzungen für ein gutes Leben wie Gesundheit, Bildung, Mobilität und soziale Beziehungen. Weniger kann mehr werden, wenn man nicht auf etwas verzichten muss, sondern dessen Nutzung gemeinschaftlich geteilt wird.

*Ende des Wachstums – Befreiung von der Arbeit!*

Die Postwachstumsutopie verkündet eine Gesellschaft, in der Erwerbsarbeit eine geringere Rolle spielt. Die klassische Beziehung zwischen steigender Arbeitsproduktivität und Wachstum wäre endgültig gebrochen, wenn eine radikale Arbeitszeitverkürzung durchgesetzt und die für die Gesellschaft wesentlichen Tätigkeiten anders verteilt werden könnten: Die Frage aber, wie verteilt wird, wird oft im Rausch der Begeisterung über diese Idee vernachlässigt. Schließlich würden die notwendigen Tätigkeiten in einer Postwachstumsgesellschaft nicht plötzlich weniger oder einfacher werden. Landwirtschaftliche Produktion würde zum Beispiel sogar wieder arbeitsintensiver werden, wenn sie nahezu ohne fossilbasierte Mittel wie chemische Dünger und schwere Maschinen auf weitaus kleineren Flächen durchgeführt werden müsste.[84] Oder wenn Latouche die Elfenbeinküste als Vorbild für eine Gesellschaft nimmt, in der die Menschen nur wenige Stunden am Tag arbeiten und dabei glücklich sind, hat er vor allem die Männer vor Augen, wie die italienische Feministin Antonella Picchio zu Recht moniert: Denn die Frauen, die sich um Pflege, Erziehung und Fürsorge kümmern, können die Zeit für diese Tätigkeiten schlecht reduzieren. Eine wahre Befreiung (von) der Arbeit würde viel mehr als Arbeitszeitverkürzung erfordern. Jede Form der Arbeit müsste in den Blick genommen werden, vor allem jene Tätigkeiten, die heute als nicht produktiv gelten, weil sie nicht oder nur schlecht ökonomisch verwertet werden. Eine neue Verteilung der gesellschaftlich sinnvollen Tätigkeiten unter emanzipatorischen und solidarischen Gesichtspunkten wäre in jeglicher Hinsicht radikal: Die gesamte Ökonomie müsste neu gedacht werden, sodass heute nicht anerkannte Tätigkeiten der Für- und Vorsorge kollektiv aufgewertet und zumindest potentiell von allen übernommen werden.

Es gibt viele konkrete Modelle, an die man dabei anknüpfen könnte, die aber bisher in der Postwachstumsdebatte wenig Resonanz gefunden haben. Unter dem Motto »Auf dem Weg zu einer Ökonomie des guten Lebens« arbeitet schon seit Anfang der 1990er Jahre das *Netzwerk Vorsorgendes Wirtschaften* an einer sozial und ökologisch zukunftsfähigen Wirtschaftsweise.[85] Laut dem Netzwerk steht vorsorgendes Wirtschaften »für ein Verständnis von Wirtschaft und wirtschaftlichen Zusammenhängen, für das die drei Prinzipien Vorsorge, Kooperation und Orientierung am für das Gute Leben Notwendigen handlungsleitend sind«. Sorgende Aktivitäten, die in unserer Gesellschaft immer noch überwiegend von Frauen übernommen werden, bilden hier die Basis des Wirtschaftens, denn dieses ist eingebettet in das soziale Leben der Menschen. Die Netzwerkfrauen arbeiten mit einer neuen Kategorie, die der »(Re-)Produktivität«. Das, was in unserem Wirtschaftssystem als bloß reproduktiv betrachtet und aus der ökonomischen Wertschöpfung ausgeschlossen wird, ist in ihrem Verständnis das eigentlich Produktive. Gerade sogenannte reproduktive Tätigkeiten wie zum Beispiel Kindererziehung und Altenpflege, aber auch Freundschaft und Beziehungsarbeit, sind besonders kreativ und *produktiv*, genauso wie die vermeintlich bloß reproduktiven natürlichen Prozesse, die Böden, Luft und Gewässer ständig regenerieren und wieder nutzbar machen. Das eigentliche Produktive umfasst also auch die Care-Arbeit und die Natur.[86]

Eine weitere Idee ist die Vier-in-einem-Perspektive von Frigga Haug:[87] Sie zielt ebenfalls auf eine grundlegende Veränderung der Arbeitsteilung, bei der die vier Bereiche menschlicher Tätigkeit eng miteinander verknüpft werden.

Diese sind: die Arbeit für die Bereitstellung und Verwaltung der notwendigen Mittel zum Leben, die meistens durch Erwerbsarbeit gewährleistet wird; die Arbeit an sich selbst und an anderen Menschen, die sogenannte Sorge- und Reproduktionsarbeit; die Arbeit als Entwicklung eigener vielfältiger Fähigkeiten, »sich lebenslang lernend zu entfalten, das Leben nicht bloß als Konsument, sondern tätig zu genießen, und damit auch eine andere Vorstellung vom guten Leben entwerfen zu können«; und schließlich die aktive politische Betätigung, die Mitgestaltung der Gesellschaft. Konkret kann man sich vorstellen, dass jeder Mensch etwa vier Stunden täglich in jedem dieser Bereiche verbringt.

## Kapitel V
## Gut leben: Grundpfeiler für eine gerechte, solidarische und demokratische Postwachstumsgesellschaft

### Eine Gesellschaft jenseits des Wachstumszwangs

Für sehr lange Zeit funktionierte Wachstum wie der Fisch des berühmten Märchens vom Fischer und seiner Frau: Das gute Leben war durch eine anhaltende Steigerung der materiellen Grundlagen und der verschiedenen Spielräume einer Gesellschaft gesichert. Der Glaube an diesen Zusammenhang wurde so selbstverständlich, dass allmählich in Vergessenheit geriet, sich über die Grundbedingungen für ein gutes Leben Gedanken zu machen und diese gemeinsam zu bestimmen. Seit den 1970er Jahren wissen wir aber, dass Wachstum nicht mehr selbstverständlich ist: Seit damals haben Wissenschaftler(innen) aus aller Welt immer wieder versucht zu zeigen, dass weiteres Wachstum nur auf Kosten von Umweltzerstörung und sich verschärfenden globalen Umweltkonflikten möglich ist. Wachstum um jeden Preis bedeutet heute zudem steigende soziale Ungleichheit, intensivierten Wettbewerb und immer riskantere Technologien für die Gewinnung von Ressourcen. Die Alternative, sich vom Wachstum zu verabschieden, wird jedoch von vielen in noch düsteren Tönen gemalt: Rezession, Arbeitslosigkeit, Armut. Als Ausweg bliebe dann nur, wenn man Menschen wie Meinhard Miegel glaubt, individuelle Bewältigungsstrategien zum Überleben zu finden und sich auf immaterielle Werte zurückzubesinnen.

Das klingt alles wie ein unveränderbares Schicksal und wird es auch bleiben, solange wir daran glauben und nach dem verlorenen Zauberfisch suchen. Aber so muss es nicht sein: Die Alternative heißt, in sozialer und ökologischer Hinsicht die Gesellschaft aktiv, kreativ und mutig zu verändern und die Last des scheinbar schicksalhaften Wachstumsmantras abzuwerfen. Die Pioniere der *Décroissance* haben vor etwas mehr als zehn Jahren begonnen, sich darüber Gedanken zu machen und neue Wege einzuschlagen. Dieses Buch hat ihre Geschichte, ihre Inspirationsquellen und den Mut einer Vision nacherzählt, die keine bloße Träumerei ist, sondern eine konkrete Utopie verkörpert. Postwachstum als konkrete Utopie bedeutet, Räume für Neues zu öffnen und gesellschaftliche Strukturen langfristig zu ändern, damit alle jenseits des Wachstumsimperativs gut leben können. Bei der Vision einer Postwachstumsgesellschaft, in der Solidarität, Freiheit und Gerechtigkeit verwirklicht werden sollen, geht es darum, das gute Leben wieder als eine politische Frage gemeinsam auszuhandeln und die Rahmenbedingungen ihrer Verwirklichung zu gestalten. Der Weg ist nicht ungefährlich – wie im vorherigen Kapitel beschrieben. Es gibt weder eine Landkarte noch markierte Pfade, die uns vor dem Abdriften und vor falschen Freunden schützen. Aber ausgehend von den bereits überall existierenden Initiativen und Projekten und der lebhaften Diskussion in der Postwachstumsbewegung, können wir zumindest einen Wegweiser umreißen, der die Schritte in eine gerechte, solidarische und demokratische Postwachstumsgesellschaft lenkt.

## Die Grundpfeiler einer Postwachstumsgesellschaft

### *Kooperation statt Wettbewerb: Commons als eine neue Form der Relationen*

Die Botschaft der Commons ist kein Plädoyer dafür, dass wir alle altruistischer und selbstloser werden. Vielmehr verkörpert sie eine altbewährte Strategie zum klugen und sinnvollen Einsatz menschlicher Kreativität im Umgang mit Ressourcen neu. Wettbewerb mag in bestimmten, klar eingegrenzten Lebensbereichen wie Sport oder Spiel Sinn machen und für Erfindungsgeist und Leistungsverbesserung nützlich sein. Alles andere lässt sich aber besser durch Kooperation stemmen. Wenn wir uns von dem Mantra des

Wettbewerbs als Impuls für Innovationen befreien, öffnen wir uns für Alternativen, die bereits allerorten effektiv am Werk sind. Denn nur in einer Gesellschaft, die auf die Steigerung individueller Profite und die Privatisierung von Gütern und Dienstleistungen konzentriert ist, ist Wettbewerb ein Hauptmotiv für Einsatz und Leistung. Die weltweite Commons-Bewegung zeigt dagegen, dass es anders besser geht, weil Kreativität zunimmt, wenn sie geteilt wird. Commons steht nicht nur für die gemeinschaftliche Nutzung von Gemeingütern, die bei guter Koordination Ressourcen effizienter und beständiger verwendet. Commons bedeutet auch eine neue Form der Beziehungen, die unsere digitale Welt möglich gemacht hat. Commons ist schließlich kein Schritt zurück in die Zeit vor der Industrialisierung, sondern nutzt das Beste der technologischen Entwicklung der letzten zwei Jahrhunderte, um eine neue Ära kooperativer, dezentraler und vernetzter Innovationen einzuleiten. Global expandierende Großunternehmen mit zentralisierten Produktionsstätten, die um Marktanteile konkurrieren, sind dann passé. Heute können neue Technologien, Dienstleistungen und Produkte vollständig lokal, dezentral und gleichzeitig global durch Vernetzung und Austausch gemeinsam entwickelt werden. So werden zum Beispiel flexible Transportmittel wie kleine, fahrradgetriebene Lastwagen durch das Open-Source-Prinzip angefertigt: Die Zeichnungen stehen digital allen zur Verfügung, und die Produktion lässt sich an die jeweiligen lokalen Bedingungen anpassen.[88] Auch Solarkollektoren, Treibhäuser und sogar Traktoren kann man mithilfe einfacher Anleitungen überall selbst bauen. Das Projekt »Global Village Construction Set (GVCS)« entwickelt auf Open-Source-Basis ein preiswertes System für die Herstellung von 50 verschiedenen Industriemaschinen, die – wie sie sagen – eine kleine, nachhaltige Zivilisation mit allen Komforts ermöglichen soll.[89] In einem solchen Projekt verschwimmt die Trennlinie zwischen Produktion, Nutzung und Konsum. Auch wenn es sich dabei zurzeit noch um Experimentnischen handelt, die vom restlichen Produktionssystem weiterhin abhängig sind, machen sie schon jetzt auf die konkrete Möglichkeit einer langfristigen und umfassenden Veränderung aufmerksam. Die Idee der Commons bezieht sich aber auf mehr als nur auf eine andere Produktions- und Nutzungsform: Commons ist eine andere Art des Seins und des Zusammenlebens, was die gelebte Erfahrung derjenigen, die weltweit in den neuen Commons aktiv sind, bezeugt.[90]

*Umverteilung gegen Ungleichheit*

Eine Postwachstumsgesellschaft ist nicht mehr auf das steigende Bruttoinlandsprodukt für die Sicherung der materiellen Grundlagen eines guten Lebens angewiesen. Stattdessen ist sie als demokratische und gerechte Gesellschaft gerade dann stabil, wenn die Ungleichheit möglichst gering bleibt. Ungleichheit ist darum ein wichtiger Wachstumstreiber, weil sie den konstanten Vergleich und den Wunsch nach sozialem Aufstieg anregt. Da sich die Messlatte aber ebenfalls kontinuierlich nach oben verschiebt, ist Ungleichheit daher auch – wie zahlreiche Studien nachweisen – eine der wichtigsten Ursachen für Unzufriedenheit und eine Verschlechterung der Lebensqualität.[91] Eine Grundsicherung, die allen ein würdevolles Leben ermöglicht, sowie die Umverteilung materieller Ressourcen und die Reduzierung der Ungleichheit sind daher Grundpfeiler einer Postwachstumsgesellschaft. Immer mehr Menschen engagieren sich deswegen auch in der europäischen Initiative für ein bedingungsloses Grundeinkommen (BGE) für alle Bürger(innen) und sehen darin eine wesentliche Bedingung auf dem Weg zu einer Postwachstumsgesellschaft.[92] Noch interessanter ist aber das französische *Décroissance*-Projekt einer Bedingungslosen-Autonomie-Grundausstattung (*Dotation Inconditionnelle d'Autonomie* – DIA), die die Gruppe um Paul Ariès entwickelt hat. Die DIA sieht anders als das Konzept des Grundeinkommens nicht bloß die Verteilung einer Summe von Geld an alle Gesellschaftsmitglieder vor, losgekoppelt von jeglichen Gegenleistungen. Stattdessen gehören zur DIA wesentliche Dienstleistungs- und Nutzungsrechte, die fundamentale Bedingungen eines guten Lebens für alle sind und nicht durch Geld erworben werden können: Die Grundausstattung umfasst zum Beispiel Bildung, Mobilität und eine Fläche zum Wohnen. Allen Gesellschaftsmitgliedern soll diese minimale Grundausstattung kostenlos zur Verfügung stehen. Sie können selbstverständlich auch arbeiten und über diese Schwelle hinaus Geld verdienen. Die DIA ist allerdings mit einem maximalen Einkommenssockel kombiniert, der eine Obergrenze für zusätzliche Einkünfte durch Besteuerung setzt und der Umverteilung dient. Auch wenn so ein Konzept erst mal sehr radikal klingt, sollten wir bedenken, dass im liberalen Großbritannien und in den Vereinigten Staaten noch in den 1960er Jahren ein Grenzsteuersatz von 90 Prozent üblich war.[93] Wir reden hier nicht von realsozialistischen Zuständen, sondern von einer sinnvollen Eingrenzung von Ungleichheiten. Wenn der Zugang zu wesentlichen Dienstleistungen nicht nur durch Geld ermöglicht ist, braucht man auch weniger materielle Ressourcen für die Befriedigung wichtiger Bedürfnisse. So ist zum Beispiel Mobilität ein zentrales Bedürfnis, und wie und wodurch es eingelöst wird, ist eine Frage gesellschaftlicher Auseinandersetzungen und politischer Entscheidungen: Durch eine sehr gute Infrastruktur mit öffentlichen Transportmitteln können sich alle Bürger(innen) frei bewegen (unabhängig von Einkommen oder anderen einschränkenden Faktoren). Der Besitz eines privaten PKW mag dann noch weiterhin ein persönlich wichtiger Wunsch sein, aber er ist keine notwendige Bedingung für die Befriedigung des Mobilitätsbedürfnisses mehr. Die Frage, ob man in immer breitere Straßen, Autobahnen und Parkhäuser oder in die Verbesserung der Infrastruktur für öffentliche Transportmittel investiert, zieht nicht unbedingt eine Grundsatzdiskussion darüber nach sich, welche Bedürfnisse falsch oder richtig sind. Es geht vielmehr darum, gemeinsam zu entscheiden, wie sie unter Berücksichtigung der Konsequenzen für andere sinnvollerweise befriedigt werden können.

*Neuverteilung von Raum und Zeit*

Stadt-Land-Beziehungen: Umverteilung bezieht sich nicht nur auf Geld oder Ressourcen, sondern auch auf Raum und Zeit. Eine Postwachstumsgesellschaft muss daher zum

Beispiel die Beziehung zwischen städtischen und ländlichen Räumen neu denken. Zurzeit ist diese Beziehung weitgehend asymmetrisch: Ländliche Räume produzieren im großen Umfang Güter und Energie für die Versorgung der Städte und werden aber von diesen kontrolliert, indem etwa die Städte für einen niedrigen Preis bei Lebensmitteln dauerhaft Druck ausüben. Diese traditionelle Arbeitsteilung zwischen Stadt und Land sowie zwischen Produktion und Konsum, die den Strukturen des industriellen Kapitalismus dienen, kann und soll in einer Postwachstumsgesellschaft nicht mehr aufrechterhalten werden. Zahlreiche zukunftsweisende Projekte versuchen bereits jetzt, Alternativen zu entwickeln, indem zum Beispiel auch Städte zu Räumen landwirtschaftlicher Produktion (*urban gardening*) und zu Standorten der Energie- und Ressourcengewinnung (Solartechnologien, Reparatur und Recycling von hochwertigen Stoffen) werden.

Eine Postwachstumsgesellschaft bedarf aber auch einer radikalen Änderung der Stadt- und Landschaftsplanung. Unsere modernen Städte sind durch eine effiziente Aufteilung zwischen Produktion (Gewerbegebieten; Lebensmittel- und Energieerzeugung) und Konsum (Einkaufszentren und -straßen), Arbeit (Büros- und Firmengebäude) und Leben (Wohngebiete) charakterisiert. Effizient ist diese Aufteilung aber nur unter der Bedingung von Massenproduktion und -konsum. Eine Postwachstumsstadt würde hingegen ganz andere Formen der Interaktion benötigen, um zum Beispiel Produktion und gemeinsame Nutzung enger miteinander zu verbinden, durch Nachbarschaftsinitiativen zur Selbsterzeugung von Lebensmitteln und Energie oder Reparaturwerkstätten. Straßen und Wege sollten zur Unterstützung einer flächendeckenden, energiearmen und kollektiven Mobilität (Vorrang für Fahrradwege, ÖPNV) neu geplant und wichtige Dienstleistungen dezentral und leicht erreichbar für alle Bürger(innen) werden. Insgesamt soll weniger Fläche genutzt werden, sowohl durch kompaktere Wohnmodelle wie Wohngemeinschaften oder kollektive Wohnprojekte mit gemeinschaftlicher Nutzung einiger Bereiche (Gästezimmer, Wäscherei,

Großküchen, Garten) als auch durch eine Reduzierung des gesamten Stoff- und Energieverbrauchs.

Ein solches Projekt lässt sich natürlich nicht über die Köpfe der Betroffenen hinweg durchführen: Aktuelle Projekte und Initiativen erweitern daher Schritt für Schritt den Raum des Denkbaren und Möglichen, und sie gewinnen immer mehr Unterstützer(innen). Ein Prozess des Umdenkens braucht nun mal Zeit und die Stimme aller Beteiligten. Das Modell der »Transition Towns« kann ein wichtiges Laboratorium für den Wandel werden. Die weltweit aktive »Transition-Town«-Bewegung experimentiert seit fast zehn Jahren in Städten und Gemeinden mit dem geplanten Übergang in ein postfossiles Zeitalter, indem sie diese von den fossilen Energieträgern unabhängig macht und dadurch ihre Autonomie und Widerstandsfähigkeit gegen Krisen stärkt. Das Modell der »Transition Towns« ist deswegen so erfolgreich, weil es eine Vielzahl von verschiedenen Initiativen kombiniert, die an die jeweiligen lokalen Gegebenheiten gut angepasst sind. Das weltweite Netzwerk unterstützt neue Initiativen durch Erfahrungsaustausch, Methodenausbildung (zum Beispiel für die Gestaltung kollektiver Entscheidungsprozesse) und konkrete Wegweiser wie der Leitfaden mit den »12 Schritten zum Wandel«.[94] Zu den konkreten Initiativen gehören neben der Bewusstseinsbildung über den Klimawandel auch Schulungen, um praktisches Wissen wieder zu erlernen, wie zum Beispiel Reparaturarbeiten, Fahrradwartung, Kräuterkunde, Gemüseanbau oder das Backen mit Sauerteig. Je nachdem, welche Expertisen, Potentiale und Rahmenbedingungen in der Gemeinde vorhanden sind, gestaltet sich jedes Projekt anders. Ein wichtiges Ziel ist ein konkret und lokal umsetzbarer Energiewende-Aktionsplan, in dem praktische Maßnahmen entwickelt werden, »die zur Stärkung der lokalen Autonomie und Widerstandsfähigkeit sowie der Verringerung des $CO_2$-Fußabdrucks führen«. »Transition Towns« funktionieren nur durch die direkte und aktive Teilnahme der Bewohner(innen), die in eigener Regie anfangen, ihr Wohngebiet zu verändern. Von ihren konkreten Strategien, Vernetzungsstrukturen und ihrem Engagement kann man für die Zukunft viel lernen.

Arbeit neu denken: Die Neuverteilung von Zeit und Arbeit ist vielleicht die größte Herausforderung für jede Gesellschaft, umso mehr für eine Postwachstumsgesellschaft. Unsere Zeit ist reguliert und strukturiert auf der Basis einer bestimmten Arbeitsteilung, die sogenannte produktive Tätigkeiten von sogenannten bloß »reproduktiven« Tätigkeiten trennt. Die Zeit ist aufgeteilt zwischen Erwerbsarbeit und Lebenszeit, und selbst die Versuche, beide miteinander in Einklang zu bringen, stellen diese Trennung nicht grundsätzlich infrage. Diese Arbeitsteilung beruht zudem auf einem unausgesprochenen Geschlechtervertrag, den beide Seiten nie gleichberechtigt ausgehandelt haben. Die reproduktiven Tätigkeiten der Sorge, Pflege, Beziehungsarbeit, die sogenannten *Lebenserhaltungstätigkeiten*, werden traditionell von Frauen verrichtet. Der Zugang zur Erwerbsarbeit und neue Technologien im Haushalt haben zwar die Frauenemanzipation vorangebracht, aber die grundliegenden Ursachen der Unterdrückung oder die Trennung der Sphären nicht verändert. Das etablierte Herrschaftsverhältnis bleibt ebenfalls unangetastet, da Sorge- und Pflegetätigkeiten auf Menschen aus anderen Ländern oder Schichten – vorwiegend auch hier Frauen – abgewälzt werden. Die Trennung und Hierarchisierung zwischen den zwei Lebenssphären findet sich in nahezu allen Gesellschaftsformen quer durch die Epochen. Eine Postwachstumsgesellschaft kann aber nur gerecht sein, wenn diese Teilung endlich aufgehoben wird. Es ist durchaus schwierig, gute Beispiele für eine solche radikale Transformation zu finden, selbst in den zukunftsweisenden Experimenten der Postwachstumspioniere. Aber zumindest in einigen alternativen Wohnprojekten werden andere Wege der Arbeitsteilung ausprobiert. Nach ähnlichen Mustern wie das Vier-in-einem-Modell von Frigga Haug versuchen sie, alle vier Dimensionen menschlicher Tätigkeiten gleichberechtigt zu leben: Produktions- und Versorgungsarbeit, Sorge- und Reproduktionsarbeit, Selbstentfaltungsarbeit und politische Mitgestaltungsarbeit. Solche Projekte sind Lernorte und Laboratorien für Alternativen, in denen andere Verhältnisse konkret experimentiert werden können. Eine Postwachstumsgesellschaft bedarf einer grundlegenden Veränderung der Zeitstrukturen, sowohl auf gesamtgesellschaftlicher Ebene (Erwerbsarbeitszeit, Lernzeit, Zeit für Beziehungen und Pflegezeit) als auch in unseren Denkmustern, die über zwei Jahrhunderte lang an die kapitalistischen Produktionsweisen angepasst wurden.

### *Solidarität: Das leitende Gerechtigkeitsprinzip einer Postwachstumsgesellschaft*

Die Gefahr von Utopien ist, dass sie eine klare Linie zwischen denen ziehen, die dazugehören, und denen, die draußen bleiben müssen. Zukunftsweisend kann die Utopie einer Postwachstumsgesellschaft aber nur sein, wenn sie sich nicht abschottet. Eine Ansammlung kleiner, selbstgenügsamer, isolierter Postwachstumsgemeinden, in denen die Solidarität an den geographischen oder politischen Grenzen der Gemeinschaft aufhört, ist weder eine dauerhaft stabile noch überhaupt wünschenswerte Option. Postwachstum soll keine Rückkehr zum traditionellen Gemeinschaftsleben bedeuten, sondern ein Weg in die Zukunft sein, in der neue Formen des Zusammenlebens nach anderen Kriterien aufgebaut werden. Vernetzen, kooperieren und solidarisch unterstützen sollen sich nicht nur einzelne Ortsansässige, sondern auch Menschen zwischen verschiedenen Standorten und lokalen Gemeinden. Solidarität statt Abschottung ist auch die Antwort auf die Frage der Immigration und des Umgangs mit Grenzen.

Eine Ökonomie, die dem Prinzip der Solidarität folgt, ist nicht von Profitsteigerung und der Schaffung neuer Absatzmärkte getrieben, sondern steht im Dienst der Befriedigung individueller und gesellschaftlicher Bedürfnisse. Das klingt vielleicht naiv, aber auch dafür gibt es erfolgreiche Beispiele: Die sogenannte solidarische Ökonomie hat sich bereits in vielen Ländern etabliert und bewährt.[95] Sie funktioniert hier parallel zu den klassischen weiterbestehenden ökonomischen Strukturen, mal mit, mal ohne direkten Kontakt, und sichert vielen Menschen ihre Lebensgrundlage. Die solidarische Ökonomie ist besonders in Lateinamerika sehr stark verbreitet und verfügt über ein weltweites Netzwerk von Produzent(inn)en und Nutzer(inne)n. Solidarische Ökonomie bedeutet zunächst kollektive Selbstverwaltung und -bestimmung der Produktion, meistens durch Genossenschaften, in denen alle Entscheidungen solidarisch und demokratisch von allen Arbeitenden getroffen werden. Diese Solidarität erweitert sich aber auch auf weitere Betriebe des lokalen, regionalen und sogar weltweiten Netzwerks, die miteinander nicht in Konkurrenz wie die klassischen kapitalistischen Unternehmen stehen, sondern kooperieren und sich dabei gegenseitig unterstützen. Dazu gehören auch Verbrauchernetzwerke, solidarische Finanzinstitutionen, Dienstleistungsanbieter. Besonders in Brasilien, wo die solidarische Ökonomie als bedeutsamer Wirtschaftsfaktor sogar ein nationales Sekretariat hat, ist sie weitaus mehr als nur eine alternative Produktionsweise: Sie umfasst auch eine andere Kultur der Nutzung, des Verbrauchs und der Beziehungen untereinander. Umweltbewusstsein, Kooperation, Gebrauchs- statt Profitorientierung kennzeichnen das alternative Lebensmodell der solidarischen Ökonomie. Politisch ist sie eine einflussreiche Bewegung gegen multinationale Konzerne und den internationalen Wettbewerb. Die existierenden Strukturen solidarischer Ökonomie zeigen, dass Wirtschaft auch anders funktionieren kann, und zwar ebenfalls mit Zuliefererketten, industrieller Produktion, flächendeckender Präsenz durch globale Netzwerke, aber mit einer anderen Logik als die bloße Profitausrichtung.

*Jenseits des Kapitalismus… wie wir ihn kennen*

Mit der Frage, ob Postwachstum überhaupt mit Kapitalismus kompatibel ist, befassen sich Aktivist(inn)en und Denker(innen) der Postwachstumsbewegung schon lange und sind sich nicht einig. Eine Postwachstumsgesellschaft kann sicherlich nicht mit einer Wirtschaftsweise funktionieren, die durch die kontinuierliche Steigerung privater Profite angetrieben wird und auf ständige Expansion und Intensivierung ausgerichtet ist. Deswegen ist sie auch nicht mit dem Industriekapitalismus kompatibel. Denn eine Postwachstumsgesellschaft sieht alternative gemeinschaftliche Formen von Eigentum und Nutzung von Gütern vor, die für alle Nutzen stiften. Es ist strittig, ob eine Postwachstumsgesellschaft auf Geld als Tauschmittel verzichten und zum Beispiel nur zinsloses Regionalgeld einsetzen soll. Wie die feministische Soziologin Mary Mellor brillant gezeigt hat, geht es aber vor allem darum, Geld wieder an seinen alten Platz zurückzulotsen: als etwas, was von den Staaten verwaltet und an die Banken geliehen wird und nicht andersherum.[96] Ähnliches gilt für die Rolle des Marktes: Es ist durchaus vorstellbar, neben solidarischen Formen des Tausches auch marktvermittelte zu praktizieren. Aber eine Postwachstumsgesellschaft kann nicht in einem globalen Markt überleben, auf dem Waren unabhängig von ihren qualitativen Merkmalen getauscht werden und ihren Gebrauchswert verlieren. Die Produktion kann durchaus Mischformen aufweisen, wo kleine Unternehmen und Genossenschaften miteinander kooperieren. Schon heute steigt die Anzahl der kleinen und mittleren Unternehmen, die versuchen, sich aus dem Wachstumszwang und aus der Abhängigkeit vom globalen Markt zu lösen.

Ist das dann immer noch Kapitalismus? Wenn überhaupt, dann in einer radikal abgewandelten Varianten. Deswegen birgt eine Postwachstumsgesellschaft ein starkes Konfliktpotential in sich: Sie fordert eine radikale Veränderung der Machtstrukturen und wird nicht ohne heftige Auseinandersetzungen zu realisieren sein.

### *Autonomie und Demokratie: Eine Postwachstumsgesellschaft wird demokratisch oder gar nicht sein!*

Die Wachstumskrisen der letzten Jahre und die Reaktion darauf im Sinne von weitergehender Privatisierung, Flexibilisierung des Arbeitsmarktes, Verschuldung und schließlich Austeritätspolitik haben demokratische Staaten geschwächt und sie den globalen Wirtschaftsmächten noch mehr ausgeliefert. War Wachstum früher entscheidend für die Stabilisierung demokratischer Wohlfahrtsstaaten, ist es nun zu einer Bedrohung für ihren demokratischen Kern geworden. Eine Postwachstumsgesellschaft kann daher zu einem Rettungsanker echter Demokratie werden. Genau diese Chance propagieren die Décroissance-Pioniere: Losgelöst vom Wachstumszwang, kann eine Gesellschaft über die Prinzipien und Formen des Zusammenlebens wieder selbst bestimmen. Demokratie braucht Postwachstum, und gleichzeitig braucht auch Postwachstum Demokratie. Denn eine Postwachstumsgesellschaft kann sich nur dann auf Dauer stabilisieren und das gute Leben aller als Ziel verfolgen, wenn sich tatsächlich alle Gesellschaftsmitglieder an deren Gestaltung aktiv und kreativ beteiligen. Eine Postwachstumsgesellschaft sollte somit wieder selbst über die eigenen Institutionen entscheiden, statt als Anhängsel der Wirtschaftsinteressen zu fungieren. Dazu gehört eine stärkere demokratische Kontrolle der Wirtschaft. Mehr Wirtschaftsdemokratie bedeutet aber nicht nur – wie sie seit langem die Gewerkschaften fordern – den Ausbau der demokratischen Mitbestimmung innerhalb der klassischen Betriebsstrukturen. Vielmehr heißt es, die gesamten Bedingungen der Produktion und der Bereitstellung von Dienstleistungen, Konsum und Nutzung demokratisch zu gestalten und nicht den Kräften des Marktes zu überlassen. Und zwar nicht in der Rolle von Konsument(inn)en, die nur durch ihr Kaufverhalten auf Produktionsentscheidungen Einfluss nehmen können, sondern als Bürger(innen), die gemeinsam darüber bestimmen, was gebraucht wird und wie es produziert werden soll. Dies hat nichts mit einer Rückkehr zu einer zentralisierten bürokratischen Kontrolle im Sinne einer flächendeckenden Planwirtschaft zu tun, die die Autonomie der Bürger(innen) dann wieder einschränken würde. Ganz im Gegenteil bedeutet mehr demokratische Abstimmung über Wirtschaftsfragen eine Stärkung der Zivilgesellschaft, die aktive Beteiligung an ökonomischen Prozessen durch Genossenschaften, solidarische Betriebe und selbstverwaltete Strukturen, lokal verankerte Produktionswerkstätten, dezentrale (aber solidarische) Energieversorgung und Technologieentwicklung nach sich zieht.

Auch in Bezug auf das Demokratiekonzept experimentieren Postwachstumspioniere: Während der Besetzung der Hauptplätze in Barcelona und Madrid hat die spanische Empörten-Bewegung (die *Indignados*), die gegen die katastrophale Krisenverwaltung der spanischen Regierung und der EU protestierte, zusammen mit Postwachstumsaktivist(inn)en versucht, Räume für mehr Demokratie zu schaffen. Die *Indignados* haben sich komplexe Entscheidungsstrukturen durch Plenarsitzungen, Gremien und Arbeitsgruppen geschaffen, in denen alle Stimmen Gehör finden sollen. Auch nach der Räumung der Plätze haben einige Gruppen in verschiedenen Stadtvierteln von Barcelona solche Strukturen beibehalten, um gemeinsame Entscheidungen zu treffen. Kooperativen, Tauschbörsen, Reparaturwerkstätten, gemeinsam verwaltete Gärten und vieles mehr sind daraus entstanden. Solche Experimente sind Laboratorien für gesellschaftliche Veränderungen, durch die viele Menschen motiviert werden, für Demokratie zu kämpfen. Autonomie und Selbstbestimmung fordern mehr Engagement, mehr Zeit, mehr Arbeitseinsatz: Der Weg zu mehr Demokratie lässt sich daher nicht ohne eine Veränderung der Zeitstrukturen der Gesellschaft denken.

Ebenso wenig ist Demokratie auf Dauer ohne eine übergreifende Koordination vorstellbar. Über die Rolle einer gesellschaftlichen Gesamtkoordination gibt es allerdings noch keine ausgearbeiteten Überlegungen. Ob die Postwachstumsgesellschaft die vertraute Form eines Nationalstaates beibehalten oder womöglich eine andere, noch zu erfindende Gestalt annehmen wird, ist schwer zu sagen. Aber es ist illusorisch zu denken, dass sie nur über die Kooperation zwischen selbstständigen Lokalgemeinden aufrechtzuerhalten wäre. Gerade gegen Diskriminierung, Unterdrückung und Abschottung auf lokaler Ebene bedarf es einer Form der überparteilichen Koordination, die demokratisch legitimiert und kontrolliert wird.

Eine gelebte und offene Demokratie ist fundamentale Bedingung für ein gutes Leben für alle. Zu den wesentlichen Bedingungen eines guten Lebens gehört nämlich auch die ständige Auseinandersetzung über die geteilten Grundwerte, die Überprüfung möglicher Diskriminierungen und die Bewahrung von Räumen für Widerstand, Kritik und Opposition.

Eine neue Diskussion über Bedürfnisse und deren Befriedigung muss geführt werden, in der nicht die Anforderungen der Wirtschaft an erster Stelle stehen, sondern die Art und Weise, wie Bürger(innen) zusammen leben möchten. Wichtig ist, zwischen den Bedürfnissen selbst und den Ressourcen oder Formen ihrer Befriedigung zu unterscheiden: Wenn es bei der Bedürfnisdiskussion nicht mehr um individuelle Lebensstilentscheidungen wie beispielweise den Besitz eines eigenen Autos, sondern um das Recht auf Mobilität geht, stehen die politischen und institutionellen Bedingungen für ein gutes Leben aller Gesellschaftsmitglieder im Zentrum der Debatte.

Schließlich sollen Räume geschaffen werden, in denen mögliche Alternativen nicht nur angedacht, sondern auch ausprobiert, erlebt und reflektiert werden können, abseits von der Werbungs- und Marketingmaschinerie, die ständig neue Bedürfnisse konstruiert, um Wachstum anzukurbeln. In diesen alternativen Projekten und sozialen Experimenten können wir die konkrete Machbarkeit von Alternativen ausloten. Solche Projekte und Initiativen, in denen der Wachstumszwang, wenn auch nur zeitlich und räumlich begrenzt, aufgehoben ist, sind gesellschaftliche Lernorte und Laboratorien für die Zukunft.

In diesen Laboratorien wird die Postwachstumsvision als konkrete Utopie geschmiedet und mit Leben gefüllt, damit wir das Ende des Wachstums getrost feiern und wirklich alle in einer gerechten, solidarischen und demokratischen Postwachstumsgesellschaft gut leben können.

# Anmerkungen

**1** So hat vor einigen Jahrzehnten der griechisch-französische Philosoph Cornelius Castoriadis darauf aufmerksam gemacht: C. Castoriadis: *Gesellschaft als imaginäre Institution: Entwurf einer politischen Philosophie.* Frankfurt a.M. 1984.

**2** Vgl. z.B. M. Max-Neef: ›Economic Growth and Quality of Life: A Threshold Hypothesis‹, in: *Ecologial Economics* 15 (1995), S. 115–18.

**3** R. Levitas: *The Concept of Utopia.* Bern 2010.

**4** E. Bloch: *Das Prinzip Hoffnung.* Frankfurt a.M. 1976.

**5** Für Ruth Levitas ist die »education of desire« die vielleicht wichtigste Funktion der Utopie.

**6** E. O. Wright: *Envisioning real utopias.* London/New York 2010.

**7** D. Meadows: *Die Grenzen des Wachstums. Bericht des Club of Rome zur Lage der Menschheit.* Stuttgart 1973.

**8** S. Mansholt: *Die Krise. Europa und die Grenzen des Wachstums.* Hamburg 1974.

**9** La Nouvelle Équipe Française.

**10** N. Georgescu-Roegen: *Demain la décroissance.* Lausanne 1979.

**11** Maßgeblich hierfür waren die Werke von André Gorz (Sonderausgabe von *Le Nouvel Observateur* 1972 zu *Ecologie et révolution*) und Guy Debord, Schlüsselfigur der Situationisten.

**12** WCED: *Our Common Future.* New York/Oxford 1987.

**13** N. Georgescu-Roegen: ›Quo Vadis Homo Sapiens?‹, in: M. Bonaiuti: *Bioeconomia.* Turin 2003.

**14** N. Georgescu-Roegen: *The Entropy Law and the Economic Process.* Cambridge/London 1971.

**15** http://www.decroissance.org/francois

**16** Übersetzung der Internetseite durch die Autorin.

**17** Demaria et al.: ›Degrowth in Südeuropa: Komplementarität in der Vielfalt‹, in: Egan-Krieger et al.: *Ausgewachsen! Ökologische Gerechtigkeit. Soziale Rechte. Gutes Leben.* Hamburg 2011.

**18** http://events.it-sudparis.eu/degrowthconference/en/appel/Degrowth%20Conference%20-%20Proceedings.pdf

**19** http://www.ladecroissance.net

**20** http://bellaciao.org/fr/article.php3?id_article=16629

**21** E. Dupin: ›La décroissance, une idée qui chemine sous la récession‹, in: *Le Monde Diplomatique* 8 (2009).

**22** http://www.objecteursdecroissance.fr

**23** L. Burlet: ›L'écologie radicale se déchire: décroissance de gauche »contre« décroissance de droite‹, in: *Rue Lyon 89* (8.6.2012).

**24** http://paularies.canalblog.com

**25** A. De Benoist: *Demain, La Décroissance!: Penser L'ecologie Jusqu'au Bout.* Paris 2007.

**26** http://www.entropia-la-revue.org
**27** http://www.apres-developpement.org
**28** www.decrecimiento.info/2006/12/ix-simposi-internacional-una-sola-terra.html
**29** Demaria et al.: ›Degrowth in Südeuropa: Komplementarität in der Vielfalt‹, in: Egan-Krieger et al.: *Ausgewachsen! Ökologische Gerechtigkeit. Soziale Rechte. Gutes Leben.* Hamburg 2011.
**30** https://cooperativa.ecoxarxes.cat
**31** www.degrowth.org
**32** http://decrescitafelice.it/la-decrescita-felice
**33** http://decrescitafelice.it/programma-politico
**34** http://www.beppegrillo.it/2012/08/passaparola_-_quando_meno_significa_meglio_maurizio_pallante.html
**35** http://www.liberoquotidiano.it/news/Politica/1080541/Quando-Grillo-e-Casaleggio--erano-favorevoli-alla-Tav.html
**36** www.decrescita.it/joomla/index.php/chi-siamo/manifesto
**37** Martin Jänicke; Joseph Huber; Udo Simonis.
**38** F. Adler/U. Schachtschneider: *Green New Deal, Suffizienz oder Ökosozialismus?*, München 2010.
**39** R. Fücks: *Intelligent wachsen. Die grüne Revolution.* München 2013.
**40** E. Eppler: ›Selektives Wachstum und neuer Fortschritt‹, in: *Neue Gesellschaft. Frankfurter Hefte* 3 (2011).
**41** http://www.denkwerkzukunft.de
**42** www.denkwerkzukunft.de/index.php/anliegen/index/kulturelleerneuerung
**43** I. Seidl/A. Zahrnt (Hgg.): *Postwachstumsgesellschaft. Konzepte für die Zukunft.* Marburg 2010.
**44** http://blog.postwachstum.de
**45** www.attac.de/fileadmin/user_upload/Kampagnen/jenseits-des-wachstums/Solidarisches_Postwachstum_Fluchtlinien.pdf
**46** www.wachstumswende.de
**47** S. Latouche: ›L'État et la révolution (de la décroissance)‹, in: *Entropia. Revue d'étude théorique et politique de la décroissance* 13 (2012), S. 74–86.
**48** N. Georgescu-Roegen: ›The Steady State and Ecological Salvation: A Thermodynamic Analysis‹, in: *BioScience* 27(4)/1977, S. 266–270.
**49** Vgl. u.a. Movimento della Decrescita Felice: www.mdfmilano.org/?p=1430
**50** Vgl.: http://www.tiefenoekologie.de/ oder http://www.deepecology.org/platform.html
**51** IEESDS & Zeitschrift *La Décroissance*: www.decroissance.org/?chemin=faq
**52** B. Muraca: ›The Map of Moral Significance: A New Axiological Matrix for Environmental Ethics‹, in: *Environmental Values* 20 (2011), S. 375–396.
**53** A. Gorz: *Ecology as politics.* Boston 1980.
**54** J. Martinez-Alier: *The Environmentalism of the Poor.* Cheltenham 2002.

**55** Für eine detaillierte Kartographie aktueller globaler Umweltkonflikte vgl. das EU-Projekt EJOLT (www.ejolt.org) und das Zentrum für die Dokumentation von Umweltkonflikten CDCA (www.cdca.it/?lang=en).
**56** vgl. http://zad.nadir.org/ und http://www.notav.info
**57** I. Illich: *Tools for conviviality.* New York 1973.
**58** H. Rosa: *Beschleunigung. Zur Veränderung der Zeitstrukturen in der Moderne.* Frankfurt a. M. 2005.
**59** M. Rahnema: *Quando la povertà diventa miseria.* Turin 2005.
**60** A. Acosta: ›Buen Vivir auf dem Weg in die Post-Entwicklung: Ein globales Konzept‹, in: Egan-Krieger et al. (Hgg.): *Ausgewachsen! Ökologische Gerechtigkeit. Soziale Rechte. Gutes Leben.* Hamburg 2011, S. 170–180.
**61** C. Castoriadis: *Le délabrement de l'Occident,* in: ders.: *Les Carrefours du Labyrinthe.* Paris 1991.
**62** S. Latouche: *La Scommessa della Decrescita.* Mailand 2007.
**63** S. Latouche: ›Écofascisme ou écodémocratie. Esquisse d'un programme «politique» pour la construction d'une société de décroissance‹, in: *Revue du MAUSS,* 26(2)/2005, S. 279–293.
**64** S. Fußnote 47.
**65** N. Paech: *Befreiung vom Überfluss.* München 2012.
**66** M. Miegel: *Exit – Wohlstand ohne Wachstum.* Berlin 2010.
**67** Ebd.
**68** Ebd.
**69** A. De Benoist: *Demain, la décroissance!: penser l'ecologie jusqu'au bout.* Paris 2007.
**70** M. Opielka/H. Hellermann: *Rechte Grüne?,* Zwischenbericht der Kommission »Rechtsextreme Unterwanderung der Grünen und nahestehender Vereinigungen« der Grünen Baden-Württemberg. Stuttgart 1982.
**71** www.bioregionalismus.info
**72** Vgl. A. De Benoist: *Kulturrevolution von rechts. Gramsci und die Nouvelle Droite,* Krefeld 1985, sowie T. Pfeiffer: *Die Kultur als Machtfrage. Die neue Rechte in Deutschland,* Düsseldorf 2004.
**73** newworknewculture.com
**74** neuearbeit-neuekultur.de
**75** So formuliert es Bergmann.
**76** M. Binswanger: ›Why does income growth fail to make us happier? Searching for the treadmills behind the paradox of happiness‹, in: *The Journal of Socio-Economics,* 35(2)/2006, S. 366–381.
**77** A. K. Sen: *The idea of justice.* London 2009; M. Nussbaum: *Women and human development. The Capabilities Approach.* Cambridge 2000.
**78** C. Kroll: *Die Neuvermessung von Fortschritt und Wohlergehen eine Chance für politische Parteien.* Berlin 2011.
**79** B. Muraca: ›Gutes Leben jenseits von Wachstum: eine ethische Perspektive‹, in: *Ethik und Gesellschaft* 1 (2012).
**80** www.radicalsimplicity.org

**81** www.theguardian.com/environment/2008/nov/13/ethicalliving-carbon-footprints

**82** U.v. Winterfeld: ›Keine Nachhaltigkeit ohne Suffizienz‹, in: *Vorgänge* 46(3)/2007, S.46–54.

**83** Ebd.

**84** A. Sorman/M. Giampietro: ›The Energetic Metabolism of Societies and the Degrowth Paradigm: Analyzing Biophysical Constraints and Realities‹, in: *Journal of Cleaner Production* 38 (2013), S.80–93.

**85** www.vorsorgendeswirtschaften.de

**86** A. Biesecker/S. Hofmeister: *Die Neuerfindung des Ökonomischen. Ein (re)produktionstheoretischer Beitrag zur sozial-ökologischen Forschung.* München 2006.

**87** www.vier-in-einem.de

**88** Vgl. z.B. die »spaceframevehicles«, flexible, selbstproduzierte Fahrräder oder winzige LKWs für den Transport für Waren: http://www.n55.dk/MANUALS/SPACEFRAMEVEHICLES/spaceframevehicles.html; http://www.n55.dk/MANUALS/SMALLTRUCK/smalltruck.html

**89** http://opensourceecology.org/gvcs

**90** S. Helfrich: *Commons. Für eine neue Politik jenseits von Markt und Staat.* Bielefeld 2012.

**91** R.G. Wilkinson/K. Pickett: *The Spirit Level: Why More Equal Societies Almost Always Do Better.* London 2009.

**92** http://basicincome2013.eu/ubi/de

**93** Für die USA vgl. z.B.: http://taxfoundation.org/article/us-federal-individual-income-tax-rates-history-1913-2013-nominal-and-inflation-adjusted-brackets

**94** http://www.transition-initiativen.de/page/transition-leitfaden-auf

**95** Für einen Überblick: S. Giegold/D. Embshoff (Hgg.): *Solidarische Ökonomie im globalisierten Kapitalismus.* Hamburg 2008. Zur solidarischen Ökonomie in Brasilien: http://www.fbes.org.br

**96** M. Mellor: *The Future of Money from Financial Crisis to Public Resource.* London 2010.

Die Philosophin **Barbara Muraca** hat an der Universität Greifswald zur Nachhaltigkeitstheorie promoviert und ist seit 2012 wissenschaftliche Mitarbeiterin am DFG-Kolleg »Postwachstumsgesellschaften« der Friedrich-Schiller-Universität Jena. Mitorganisatorin der großen Degrowth-Konferenz im September 2014 in Leipzig. Ab 2015 Assistenzprofessorin für Umweltphilosophie an der Oregon State University.

**Politik bei Wagenbach** **Lesen Sie weiter:**

**Petra Dobner** **Quer zum Strom**

*Eine Streitschrift über das Wasser*

Der Umgang mit ökologischen Ressourcen und vor allem mit dem Wasser ist das Kernproblem des dritten Jahrtausends. Aus der glücklichen Lage, in einem wasserreichen und wirtschaftsstarken Gebiet zu leben, erwächst eine globale Verantwortung, die mit dem Hahnzudrehen beim Zähneputzen bei weitem nicht abgegolten ist.

Gebunden. 96 Seiten. Auch als e-book erhältlich.

**James Smith** **Biotreibstoff**

*Eine Idee wird zum Bumerang*

Eine Welt, angetrieben durch Bioenergie: wie grün, wie sauber, wie nachhaltig und friedlich? Der Traum ist ausgeträumt. Nüchtern zeigt Smith die dramatischen Folgen des Anbaus und Vertriebs von Biokraftstoffen.

Aus dem Englischen von Hans-Gerd Koch
Gebunden. 144 Seiten. Auch als e-book erhältlich.

**David Stuckler / Sanjay Basu** **Sparprogramme töten**

*Die Ökonomisierung der Gesundheit*

Nach jahrelanger Recherche auf fünf Kontinenten haben zwei junge Epidemiologen ihre haarsträubenden Ergebnisse zu einem provokanten und dringlichen Pamphlet zusammengefasst.

Aus dem Englischen von Richard Barth
Gebunden mit Schutzumschlag. 224 Seiten mit vielen Grafiken.
Auch als e-book erhältlich.

**Andreas Fischer-Lescano / Kolja Möller**
**Der Kampf um globale soziale Rechte**

*Zart wäre das Gröbste*

Die Weltgesellschaft ist in der Krise. Politik und Wirtschaft sind orientierungslos. Umso klarer artikulieren sich Gegenstimmen. An verschiedenen Orten vereinen sich Menschen zum Protest und für ein gemeinsames Ziel: die Utopie sozialer Gerechtigkeit.

Gebunden. 96 Seiten. Auch als e-book erhältlich.